心理健康教育读本

司法部监狱管理局 编

东南大学出版社
SOUTHEAST UNIVERSITY PRESS
·南京·

图书在版编目(CIP)数据

心理健康教育读本/司法部监狱管理局编． —南京：东南大学出版社，2019.9(2023.5 重印)
ISBN 978-7-5641-8536-7

Ⅰ.①心… Ⅱ.①司… Ⅲ.①犯罪分子-心理健康-健康教育 Ⅳ.①D917.2

中国版本图书馆 CIP 数据核字(2019)第 190057 号

心理健康教育读本

编　者	司法部监狱管理局
责任编辑	宋华莉
编辑邮箱	52145104@qq.com
出版发行	东南大学出版社
出 版 人	江建中
社　　址	南京市四牌楼 2 号(邮编:210096)
网　　址	http://www.seupress.com
电子邮箱	press@seupress.com
印　　刷	南京玉河印刷厂
开　　本	890 mm×1 240 mm　1/32
印　　张	8.375
字　　数	181 千字
版 印 次	2019 年 9 月第 1 版　2023 年 5 月第 3 次印刷
书　　号	ISBN 978-7-5641-8536-7
定　　价	12.00 元
发行热线	025-83790519　83791830

(本社图书若有印装质量问题,请直接与营销部联系,电话:025-83791830)

本书编委会

主　任：袁　诚
副主任：钱晓钟
主　编：张庆斌
副主编：韩晓勇

编写说明

为进一步加强罪犯心理健康教育，提高罪犯的心理健康水平，帮助罪犯认罪悔改、顺利改造，司法部监狱管理局委托江苏省监狱管理局组织编写了罪犯教育系列教材之一——《心理健康教育读本》。

江苏省监狱管理局高度重视《心理健康教育读本》的编写工作。江苏省监狱管理局局长张晓伟、政治部主任袁诚对编写工作进行部署，由局教育改造处牵头，统合南京监狱、南京女子监狱、镇江监狱、苏州监狱、宜兴监狱、金陵监狱、龙潭监狱、浦口监狱、无锡监狱、司法警官学校等单位的精干力量参与撰写。

《心理健康教育读本》由戴正乔、李韵之、陆航、万静、李方洲、陈相俊、邹建琴、于洋、姚丹、陈小林、陆德容、王心扬等同志参与撰写，张庆斌、陶新胜同志进行了统稿，钱晓钟、张庆斌、韩晓勇同志对本读本进行了再次审定，最后由袁诚同志审核定稿。

由于编写人员水平有限，不妥之处在所难免，敬请批评指正。

编者

二〇一九年七月

目 录 CONTENTS

第一单元　监禁带来痛苦 ·· 3
　　第一节　犯罪招致监禁 ·· 3
　　第二节　监禁意味剥夺 ·· 8
　　第三节　剥夺产生痛苦 ·· 18
　　第四节　适应监禁环境 ·· 24

第二单元　健康从心开始 ·· 37
　　第一节　心理健康有标准 ·· 37
　　第二节　心理问题有缘由 ·· 46
　　第三节　解决心症有办法 ·· 53

第三单元　学会自我认知 ·· 61
　　第一节　了解自我认知 ·· 61
　　第二节　自我认知偏差 ·· 70
　　第三节　学会自我认知 ·· 77

第四单元　管住自己情绪 ·· 91
　　第一节　了解自己情绪 ·· 91
　　第二节　情绪自我调控 ·· 98
　　第三节　不良情绪处理 ·· 106

第五单元	积极应对挫折	123
第一节	了解服刑期间的挫折	123
第二节	挫折需要正确应对	131
第三节	常见挫折处理技巧	141
第六单元	处好人际关系	157
第一节	了解人际关系	157
第二节	建立融洽的人际关系	164
第三节	狱内人际关系处理	176
第七单元	养成良好习惯	185
第一节	管住自身言行	185
第二节	培养健康生活习惯	192
第三节	戒断不良瘾癖	196
第四节	劳动创造美好	203
第八单元	扛起家庭责任	209
第一节	我们都有一个家	209
第二节	不良家庭因素与犯罪息息相关	214
第三节	共同建设温馨和美的家	221
第九单元	人生重新开启	235
第一节	培养健康人格，收获快乐生活	235
第二节	提升意志品质，做生活的强者	245
第三节	合理规划人生，路才能更顺畅	252

📢 **导读**：监禁意味着剥夺，剥夺会使罪犯产生生理和心理痛苦。面对这些痛苦，应当积极寻找解除这些痛苦的方法，努力建立良好的心态，这是确保改造顺利进行的正确方法。

第一单元　监禁带来痛苦

打击犯罪,惩罚罪犯,是每一个国家维护政权和社会秩序的重要方法。在现代社会,任何一个人,只要实施了犯罪,就必然受到刑罚惩罚,必须要按照法律规定接受应有的惩罚。对罪犯实施惩罚的方式多种多样,但最主要的方式就是投送监狱,实行监禁。监禁必定会给罪犯带来身心痛苦,使罪犯产生适应困难、认知偏差、情绪困扰、身心疲惫、人际障碍等一系列的心理问题。这些心理问题如果不能得到很好的解决,就会影响服刑改造的效果。为了尽可能减轻监禁与剥夺带来的负面效应,顺利实现刑罚目的,需要关注罪犯心理健康,解决好罪犯心理问题。

第一节　犯罪招致监禁

犯罪是监禁的前提条件,监禁是犯罪的必然结果。正是由于犯罪行为,才会导致罪犯被监禁,并受到严厉的惩罚。

一、犯罪是最严重的违法行为

一个人由于主观上的过错,实施具有一定社会危害性、依法应当追究责任的行为,这样的行为就是违法行为。不过,违法行为也有轻重的差别,有的违法行为比较轻微,如驾驶汽车闯红灯;有的违法行为比较严重,如抢劫杀人等。根据违法行为的性质和危害程度不同,可以将违法行为分为刑事违法行为、民事违法行为和行政违法行为等不同类别。刑事违法行为就是我们通常意义上所说的犯罪行为。只有国家认为需要动用刑罚加以惩处的行为,才会在刑法上将其规定为犯罪。犯罪触犯了刑事法规,是最严重的违法行为。

从法律层面来讲,犯罪触犯的刑事法规,是所有的法律法规中最为严厉的规范。刑事判决是所有判决中程序最为严格、处罚最为严厉的强制惩处。因此,判定一个人行为是否属于犯罪行为,必须依照刑法有关具体规定来进行,不能随意判定。从社会层面来讲,相较于其他违法行为,犯罪行为具有最严重的社会危害性,是对社会秩序的严重挑战和伤害。犯罪的本质在于它对国家、社会和人民利益所造成的巨大危害,犯罪是最严重的违法行为,为全社会所不能接受。

【知识链接】

我国刑法对犯罪的规定

《中华人民共和国刑法》第十三条规定:一切危害国家主权、领土完整和安全,分裂国家、颠覆人民民主专政的政权和推翻社会主义制度,破坏社会秩序和经济秩序,侵犯国有财产或者劳动群众集体所有的财产,侵犯公民私人所有的财产,侵犯公民的人身权利、民主权利和其他权利,以及其他危害社会的行为,依照法律应当受刑罚处罚的,都是犯罪,但是情节显著轻微危害不大的,不认为是犯罪。

在判定是否是犯罪时,有一个重要的原则就是罪刑法定原则。它是指法无明文规定不为罪,法无明文规定不处罚。即犯罪行为的界定、种类、构成条件和刑事处罚的种类、幅度,均事先由法律加以规定,对于刑法没有明文规定为犯罪的行为,不能定罪处罚。

二、犯罪行为应当受到刑事处罚

一个人做错了事,就应当受到惩罚。但惩罚的形式和严厉程度是有差别的。在我们小的时候,如果犯了错误,父母或老师就会教育和惩罚我们,避免我们再次犯错。只不过那时候,我们的错误危害不大,所受到的惩罚也不会过于严厉。然而对犯罪这种最严重的违法行为进行惩罚,就需要用到刑罚。依法对罪犯的部分权利进行限制或者剥夺,这就是刑罚。

那什么是刑罚呢?刑罚是国家创设或制定的、对罪犯使用的特殊制裁方法,是对罪犯权益所进行的必要剥夺。即根据罪犯的犯罪情况,依据相关法律规定,法院通过判决规定了罪犯应当受到的刑种及刑期,如死缓、无期徒刑、有期徒刑等,有的判决中还会附带财产刑的判罚,如罚金、没收财产等。

对罪犯实施刑罚,具有制止犯罪、弃恶扬善、伸张社会正义的特殊作用。相比于其他法律强制措施,刑罚具有严厉性、特定性和权威性三个特征。严厉性是因为刑罚可以剥夺犯罪人的权利、财产、人身自由乃至生命。特定性是因为刑罚只能对触犯刑律、构成犯罪的人适用,没有犯罪的人不受刑罚。权威性则是因为刑罚只能由人民法院代表国家依照专门的法律程序适用。

犯罪行为应当受到刑罚,最根本的原因是犯罪对社会产生极大危害。犯罪首先是对被害人及被害人家属的伤害。其次是对自己和家人的危害。犯罪同时也是对国家的伤害,包括对国家制度、国家利益的挑战,对国家人力、物力和财力的损耗,对社会公众安全心理的冲击,对社会稳定的破坏。

【知识链接】

刑罚的功能

刑罚的功能主要包括剥夺功能、感化功能、威慑功能、鉴别功能、补偿功能、安抚功能、鼓励功能。剥夺功能是刑罚功能的最直观外在表现,主要是通过对罪犯的某种利益或者权利进行剥夺而实现惩罚目的。感化功能是指针对罪犯实施教育,以达到促使悔过的目的。威慑功能,有个别威慑与一般威慑之分,包括对罪犯和社会潜在犯罪分子的威慑。鉴别功能,是刑罚教育性的直接体现,通过刑罚帮助犯罪者以及其他社会成员划清罪与非罪的界限,从而提高法制观念。补偿功能是指针对犯罪受害人,给予程序或实际物质的损失补偿。安抚功能就是通过对罪犯使用刑罚,满足社会公正的复仇要求。鼓励功能是通过刑罚强化公民的守法意识。

三、监禁是惩罚罪犯的主要方式

古往今来,对罪犯的惩罚有很多方式,如肉刑、徒刑、死刑、自由刑、资格刑、财产刑等。在不同的历史阶段,刑罚方式是不一样的。总的来说,随着时代发展,刑罚也不断地走向文明与宽缓。近现代社会,以社区矫正为代表的非监禁刑正在得到推广,但当今社会,监禁仍然是主要的刑罚执行方式。

监禁刑作为自由刑的一种,在现代社会更加关注人道与文明,注重对犯罪人的改造、恢复、更生和适应,而不仅仅是报复。刑罚的目的是将人格不完善、心理有障碍的犯罪人进行再社会化,使之能够调整心理认知,改变犯罪心理,更好地适应社会,这也是现代社会的共识。当代社会,以监禁来惩罚罪犯是国际通例。改造罪犯,用监禁来预防犯罪,保护社会、维护正义,是世界各国的共同选择。

【知识链接】

刑罚的演变

自古以来,有犯罪就有刑罚。刑罚作为一种社会法律制度,应社会发展的需要而生,也随着社会的发展而不断演变。刑罚自产生后,大致经历了报应时代、威吓时代、矫正时代、恢复时代。报应时代突出对罪犯的复仇。威吓时代体现严厉惩罚。矫正时代注重教育罪犯。恢复时代强调罪犯回归。总体来看,刑罚演变具有以下趋势:由死刑、肉刑转向自由刑;由繁到简;由严厉到缓和;由注重惩罚转向注重预防。

第二节　监禁意味剥夺

监,即监督管理;禁,即限制禁止。简单地来理解,监禁就是将罪犯予以关押并加以监督管理,进行自由限制。剥夺是监禁的主要内容,也是刑罚惩罚的主要方法,实现剥夺主要是在监禁状态下进行的。监狱是实施监禁的场所。罪犯一旦被判决入监,就要接受刑罚惩罚。

刑罚,由国家创制并以国家名义来使用与执行,以国家权力为前提,以国家强制力为保障。剥夺,作为监禁的主要内容,也是以国家强制力为保障的。剥夺就是在国家强制力保障下,通过刑罚惩罚来给罪犯造成一定的痛苦,这种痛苦恰恰是刑罚存在的价值。那么监禁中的剥夺主要体现在哪些方面?

一、自由丧失

美国人亨利说过,不自由毋宁死。这说明自由对人类生存发展的极端重要性,丧失自由就意味着丧失一切。对罪犯最彻底、最严厉的剥夺就是剥夺自由。

(一) 行为没法自主

罪犯在服刑改造中,有一个强烈的感受就是无处不在、无时不在的约束和规矩。在犯罪被抓之前,每个人都享有人身自由的权利。在法律规定范围内,我们的人身和行动完全受自己支配,有不受非法拘禁、逮捕、搜查和侵害的自由。它是公民享受其他一切自由的基础和前提,也是公民生存的起码权利。一旦被监禁,便失去了人身自由。罪犯的日常行为必须要按照罪犯改造行为规范的要求去做,无法自由支配自己行为的方式与内容,行为的对象不能自由挑选,行为的时间不能自由选择,行为的空间不能自由改变,行为的内容不能自由取舍。

(二)言论受到限制

公民拥有言论自由。言论自由是公民按照自己的意愿自由地发表言论以及听取他人陈述意见的基本权利。在言论自由下,公民有权通过各种语言形式,对各种问题自由表达思想和见解。这不仅包括日常的语言,还包括文字、电影、照片、歌曲、舞蹈及其他各种形式,这些都是言论自由的表达形式。罪犯在监禁中言论自由受到诸多限制,除了要遵守法律中的言论自由规定,还不得散布损害监狱安全的言论,不得散布不利于改造的言论。除了被剥夺政治权利的以外,罪犯在监禁中创作、出版作品,会受到更为严格的限制。同时,罪犯发表言论的形式方法,也受到了严格限制,不得在不符合发表言论的时间与场合随意发表言论。

(三)生活不能选择

罪犯的日常生活被相关法律法规、系列监规监纪约束着,时刻处在监狱警察的直接管理下。服刑生活的时序都有着明确的规定,从早上起床到晚上睡觉,每天的改造生活都有具体要求,而不是像入狱前那样可以由个人自由安排。在监狱内,不可能像在家里那样睡到自然醒,不可能想吃什么就吃什么,也不可能随心所欲地参加文娱活动。必须统一着装,按规定使用监狱配发的或者按统一标准购买的各类生活用品。

【知识链接】

自由的可贵

在人的价值体系中,自由是人从事一切活动的重要前提。中国宪法和刑法对保护公民人身自由,不受非法侵犯都做了明确具体的规定。狭义的人身自由仅指公民的身体自由不受侵犯,即公民享有不受非法限制、监禁、逮捕或羁押的权利。广义的人身自由还包括与人身紧密联系的人格尊严、公民住宅不受侵犯、公民的通信自由和通信秘密受法律保护等。罪犯失去人身自由,很多自由会受到限制。而这,正是犯罪付出的代价,也证明了自由的可贵。

二、权利受限

权利是公民依法享有的权力和利益,也就是说,在法律规定的范围内,为满足公民个人特定的利益而自主享有的权能和利益。权利可以看成是法律给予个人的自由与保障。服刑中,权利受限是对罪犯最直接的剥夺。这些剥夺既包括完全剥夺,也包括部分剥夺。有些权利虽然未被剥夺,但由于依附于人身自由才能享受,故而在监狱特定的环境、条件下,被暂时中止或者限制行使。

(一)完全剥夺的权利

罪犯因为犯罪入狱,有些权利会被依法完全剥夺,这些被完全剥夺的权利包括很多内容,如人身自由权、被选举权、结社游行权等。当你翻开判决书,你会发现有的判决书中有"剥夺政治权利……"的表述。剥夺政治权利是一种资格刑,它以剥夺罪犯的一定资格为内容,是指依法剥夺犯罪分子一定期限参加国家管理和政治活动权利的刑罚。被剥夺政治权利的罪犯将无法享受到政治权利。这些被剥夺的政治权利包括:选举权和被选举权;言论、出版、集会、结社、游行、示威自由的权利;担任国家机关职务的权利;担任国有公司、企业、事业单位和人民团体领导职务的权利等。被剥夺政治权利的罪犯失去了参与国家管理和政治活动的权利。

(二)部分剥夺的权利

在监禁中,罪犯的某些权利仅被部分剥夺。如罪犯的通信自由等权利由于受到条件的限制被部分剥夺。按照规定,在改造期间,罪犯定期可以与亲属通话、会见,与外界通信,有些监狱的罪犯还能参加远程视频会见,在特定情形下,有可能获得离监探亲的机会。但这些权利的行使受到一定条件制约。虽然会见通信权利不会因为改造表现不好而被剥夺,但是行使会见通信权利的具体方式、次数需要符合监狱相关规定。同时,其内容也需要接受监狱审查。

(三)中止执行的权利

法律赋予个人的权利,只是享有权利的前提,要想行使权利,还需要一些必要的条件。很多权利,对社会公民来讲,行使起来非常方便,但对于身处监狱的罪犯来说,则面临一些现实的困难,其权利的行使是不完整的。例如婚姻家庭方面的权利,罪犯也享有像其他公民一样的婚姻自由、抚养子女的权利,但由于在监狱服刑,远离家庭亲人,也就只能在名义上拥有这些权利,而无法去真正行使,最终失去了部分婚姻家庭权利。罪犯可以像其他公民一样享有受教育的权利,但特殊的人身监禁状态决定了其不可能像其他公民一样报考全日制大学,接受完整的大学教育,只能选择监狱内开设的有关教育课程。罪犯的健康权利也是依法享有并受到保障的,但罪犯维护自己健康权利的方式却受到限制,不可能像社会公民一样,去健身房自由健身,或者去森林、海滨浴场散步。

【知识链接】

权利的五个要素

权利包含五个要素:第一个要素是利益。权利是符合道德和法律要求,并且受到保护的利益。利益既可能是个人的,也可能是群体的、社会的;既可能是物质的,也可能是精神的;既可能是权利主体自己的,也可能是与权利主体相关的他人的。第二个要素是主张。一种利益若无人提出对它的主张或要求,就不可能成为权利。一种利益之所以要由利益主体通过表达意思或其他行为来主张,是因为它可能受到侵犯或随时处在受侵犯的威胁中。第三个要素是资格。提出利益主张要有凭据,即要有资格提出要求。资格有两种,一是道德资格,一是法律资格。专制社会里的民众没有主张言论自由的法律资格,但是具有提出这种要求的道德资格,即所谓人之作为人所应有的权利。第四个要素是力量,它包括权威和能力。权利一旦确认就具有不容许侵犯的权威,它是由法律来赋予权威的利益、主张或资格,被称为法律权利。除了权威,权利主体还要具备享有和实现其利益、主张或资格的实际能力。第五个要素是自由。作为权利本质属性或构成要素的自由,通常指权利主体可以按个人意志去行使或放弃该项权利,不受外来的干预或胁迫。如果某人被强迫去主张或放弃某种利益、要求,那么就不是享有权利,而是履行义务。

三、关系受损

良好的社会关系对每个人的学习、生活、工作都有积极的促进作用,对家庭或组织都会产生重要的正面影响。罪犯因犯罪而导致其社会关系受到破坏,家庭关系受到冲击。在监禁期间,社会交往中断,社会关系疏远。

(一) 家庭割裂

对罪犯来说,入狱就意味着离开家庭,远离亲人。对家人的思念,特别是在团圆佳节来临之际,往往会变得非常强烈;罪犯对过往家庭的温暖,变得格外渴望。在监狱中,罪犯与亲人的联系也只剩下很少的途径,比如书信、电话、会见,符合条件的罪犯有可能得到离监探亲的机会。时空上的距离也许并不遥远,但罪犯无法直接面对亲人,更不可能与家人共享天伦之乐,失去了陪伴家人的机会。有的罪犯因犯罪加深了与亲人之间的隔阂,远离亲人、家庭,感到孤独、无助,失去依靠。父母的老去离世,子女的成长成家,家庭重要决策,都无法参与,这给很多罪犯留下了深深的情感遗憾,甚至伤痛。

【案例】

　　某监狱会见楼,一名女子显得十分焦急。在监狱警察的询问下,她表示,自己的丈夫谭某某正在监狱服刑,但婆婆重病在床,可能将不久于人世。老人家希望能够在临终之前见自己的儿子一面。警察查询了罪犯谭某某的资料以及相关政策,发现谭某某不符合离监探亲的条件,无法办理离监探亲手续。罪犯谭某某听说这个消息后,也伤心落泪,自责因犯罪服刑而无法尽孝。监狱警察考虑到谭某某的特殊情况,再加上谭某某日常表现较好,特意帮助谭某某拍摄了一段视频,让其诉说对母亲的思念和安慰。视频完成后,交给谭某某的妻子带回病床边,给老人看。尽管在警察的帮助下,用一种曲折的方式,给予了临终老人一点安慰,然而,这件事却让谭某某内疚、自责、懊悔很久。

（二）交往中断

入狱服刑后,由于特定的罪犯身份和特殊的监禁环境,罪犯原先的社会交往被迫中断。有的罪犯在入狱前与其他人有着良好的交往,这些交往活动给人带来很多快乐,给个人生活和事业带来很多帮助。但在服刑中,罪犯很难再去参与之前的社会交往,很难维护入狱前的社会交往关系,很难再与之前的朋友、同事、同学、恋人等进行密切交往,交往多年的人与关系不得不中断,社会交往带来的快乐一去不复返。与服刑前的社会交往相比,狱内人际交往频次减少,范围缩小,方式单一,交往的深度、广度、牢固度不高,交往功利性更强,这种对比反差给罪犯心理上、情感上都带来了痛苦,使其感受到深深的挫败感与遗弃感。

（三）社会疏远

有人说，监狱是一个社会汪洋大海中的孤岛，这更多地是指其对外隔离封闭的特点，即在物理层面和信息层面的隔绝。罪犯在服刑中，虽然有机会通过电视、书报杂志、与亲人会见、对外通信等方式获得外界社会的各类信息，但这种联系依然是单向的、简单的。罪犯普遍有一种与社会隔绝的感觉，不能够得到实时的最新的社会信息，无法亲身感受社会的最新变化。尤其是在知识更新加快、科技发展加速的当今社会，发展日新月异，新的技术层出不穷，而这些对服刑的罪犯来说，无法体会与感受到，更不能参与其中，享受不到发展的成果。久而久之，很多罪犯，特别是长刑期罪犯，会觉得自己离社会更加疏远，对社会的参与感降低，有些罪犯会觉得自己被社会或者时代抛弃了。

【知识链接】

社会交往的价值

社会交往，简称"社交"，是指在一定的历史条件下，个体之间相互往来，进行物质、精神交流的社会活动。从不同的角度，把社会交往划分为：个体交往与群体交往，直接交往与间接交往，竞争、合作、冲突、调适等。社会交往对一个人来说，有很多价值，包括生存和发展的需要，个人身心健康发展的需要，个人社会化的必经之路，获取知识的需要，实现个人价值、走向成功的需要。

四、人生受阻

一失足成千古恨,对多数罪犯来说,判刑入狱是人生的重要挫折,个人形象蒙羞,经济受到损失,重要机会错失,最终使得个人发展受阻,人生走向低谷。

(一)个人形象蒙羞

个人形象是一个人的外表或容貌,也是一个人内在品质的外部反映。树立良好的个人形象既是个人发展的需求,也是社会发展对于个人的要求。审判程序结束后,罪犯将加戴脚镣手铐,被押解着、带着刑期和耻辱送到监狱,开始服刑生活。从此,无论在社会上是什么样的身份,他都会被贴上罪犯的标签。这个标签一般会彻底改变以往的个人形象,使得个人形象蒙羞。原来在别人眼中的好儿子(女儿)、好爸爸(妈妈)、好丈夫(妻子)等各种个人形象有可能因此彻底坍塌。对某些过失犯罪或一时糊涂犯下罪行的罪犯来说,即使家人能够谅解和关心,他们也难以获得受害者、周边亲戚、朋友、邻居的理解。即使出狱后,这个犯过罪、坐过牢、服过刑的罪犯标签也可能跟着自己一辈子,成为个人形象的一部分,甚至成为一辈子的耻辱。

(二)经济受到损失

入狱服刑,必然会失去工作,失去直接的收入来源,特别是对于高收入群体,其损失就更加明显。很多罪犯是家里的主要经济来源,一旦服刑,也会造成家里的经济状况恶化,有的甚至难以为继。有些罪犯从原来的高收入者变成了需要家人寄钱补贴生活的人。有的服刑前拥有自己的企业或者工厂，经济富裕，家人生活富足，但因为犯罪入狱，致使生意一落千丈，甚至债台高筑。有的服刑前是党员领导干部或者国企管理人员，有着较高的收入福利待遇和社会地位，入狱后，这一切化为泡影，不仅给家人带来耻辱，还有可能影响子女的前途。有的服刑前只是普通的打工族，收入一般，入狱后家庭失去了经济来源，陷入困顿。有些人因为入狱服刑，无法打理自己的投资理财，蒙受了经济损失。

（三）重要机会错失

由于人身自由被限制，罪犯无法参与家庭和社会生活，丧失了很多重要的发展机会。这些机会，有的是陪伴家人、抚养子女的机会，有的是职业发展上的机会，有的是使财富增值的机会。这些机会的错失，改变了原来可以很美好的人生。即使是服完刑期后回归社会，很多人也将面临刑罚间接带来的痛苦，在学习、就业、生活方面面临诸多问题。因为服刑，很多人错失了接受正规教育的机会，回归社会后学习知识难度的增加，系统知识的长期断档，使知识无法衔接，加上年龄的增长、记忆力的下降、生活的压力，不能接受以往的正规教育，从而错失人生很多机会，一生都会直接或间接地受到影响。

【知识链接】

人生规划

所谓人生规划就是一个人根据社会发展的需要和个人发展的志向，对自身有限资源进行合理的配置，对自己未来的发展道路做出一种预先的策划和设计，受人生观支配。

第一步:确立自己的人生观、价值观和人生目标。人生规划的目的就是要实现自己的人生目标,这是人生规划的基础和原则。人的人生观、价值观和人生目标会随年龄的增长、对社会的认识不断地改变和清晰。人生规划也应该根据这些进行相应的调整和改进。

第二步:充分了解自己、分析自己,确定自己的性格特质与天赋。主要的方法:(1)自问:自己冷静下来总结自己;(2)问他人,让别人给你肯定的评价;(3)专业评价:请专业人员帮助你总结。

第三步:详细制订自己的人生规划,最好是细化到各个年龄段,并做好每一步。只有这样,才能提高规划实现的可能性。

第四步:发挥自己的优势,提高自己的素质和能力,为自己制定的目标采取行动。

第五步:在成长中磨炼自己,及时调整自己的人生目标,因为没有什么规划是一成不变的。

第三节　剥夺产生痛苦

人生在世,每个人都会有需求。心理学家将人的需求从低到高按层次分为五种:生理需求、安全需求、爱和归属感、尊重、自我实现。每个人都有以上各种需求,但不同的人需求也不相同。即使是同一个人,在不同的人生阶段也会有不同的需求。罪犯被监禁,权利或被剥夺或被限制,其需求因为权利的受限而被部分剥夺,正是这种剥夺使得罪犯身心欲望得不到满足,因而产生痛苦,这种痛苦伴随着服刑的整个阶段。剥夺所产生的痛苦具体表现在五个方面。

一、丧失自由的痛苦

有首叫作《铁窗泪》的歌曲,反映了服刑生活。这首歌的第一句独白是:人生最大的悲剧莫过于失去自由,人生最大的痛苦莫过于失去亲人和朋友。时至今天,这一句话依然是很多罪犯最真实的心理写照。罪犯一旦入狱,最强烈的冲击感就是丧失了自由,一切日常生活都在管控之下。行为无法自主,言论受到限制,生活不能自主安排,一旦违反监规纪律,就会受到惩罚。想和家里人通电话,也必须表现良好,经警察同意,而且通话内容要按照规定接受审查,无法随意表达。个人的兴趣爱好、独特生活习惯只能成为回忆,无法轻易获得满足。罪犯的行为受到限制,个人思想也不能随意表达,丧失自由的痛苦伴随着罪犯服刑的整个过程。

二、权利限制的痛苦

相较于社会上的人,服刑中的罪犯,需求得到满足的限制条件更多。权利与我们每个人的切身利益密切相关,代表了我们可以享受的权益。某些权利的限制会直接影响到我们的利益,给日常生活带来困扰。某些权利对我们的影响虽然暂时看不出来,却可能是潜在的长远的影响。某些资格型权利与我们的日常生活相距较远，不一定会产生直接的痛苦，或者一时不会产生实质损失，但终究会导致个人权利的不完整。如政治权利中，不得担任某些职务，这种权利限制意味着不仅在服刑中，即使刑满释放后，也不可能再担任相关职务。刑法规定，依法受过刑事处罚的人在入伍就业的时候，应当如实向有关单位报告自己曾经受过刑事处罚，不得隐瞒。教师法规定，故意犯罪受到有期徒刑以上刑罚的不能取得教师资格。法官法、律师法、检察官法和人民警察法等法律也同样规定，曾经受过刑事处罚的，不能担任法官、律师、检察官和人民警察。这种因权利限制而带来的痛苦，可能影响更加直接、更加长远。

三、服务制约的痛苦

一个自由的人在社会中生活，能够自由地享受到各种服务项目。这些服务给我们的生活带来了便利和快乐。比如电影院有最新大片上映，社会上的人只要购票即可享受视听盛宴，而罪犯则没有这样的机会。我们可以自由地前往理发店修剪满意的发型，可以去剧院接受艺术的熏陶，可以去运动场所尽情挥洒汗水……这些形形色色的服务在入狱后就很难再享受到。有些需求满足的条件比较简单，比如渴了喝水、饿了吃饭在一般情况都是随时可以满足的，但对于某些服务，就无法轻而易举地获得，即使愿意支付高昂的费用，也不可能享受得到。服务制约，使得很多罪犯的服刑生活变得单调、无趣，产生了痛苦的体验。现在有些监狱推行多元化处遇,表现好的罪犯可以去参加一定的娱乐活动,如前往监狱书店购书等,但其享受的社会服务的差别还是非常明显的。

四、物质消费有限的痛苦

服刑生活中,物质消费的限制时常刺激罪犯的敏感神经。受法律法规和监规监纪的约束,罪犯的物质消费被保持在较低水准,仅以满足罪犯基本生理需要为限。通过限制物质消费,既达到了惩罚犯罪的目的,也可以通过争取物质消费待遇来激励罪犯好好改造。物质消费虽然多数属于人的低层次需求,但物质消费有限导致罪犯的低层次需求也无法充分满足,高层次需求更是无从谈起。以生理需求为例,罪犯饮食被严格控制,虽然能够保证吃饱、卫生,但却无法实现丰富与自由选择。饮食种类和时间安排也无法随心所欲地选择。对罪犯来说,这无疑是痛苦的体验。在监狱中,表现良好的罪犯可以获得一定的消费额度,选择一些可口的菜肴,购买一些零食或营养品。可即使是用于奖励的物质消费,相比于入狱前,也是品类有限、数量有限。物质消费的限制,可能会导致罪犯更高层次的生理需求难以满足,也会导致心理压抑。

五、性剥夺的痛苦

性是人的正常生理需要,健康的性关系对个体的心理健康也具有重要的意义。服刑中的罪犯因为被监禁,性的权利处于被限制的状态。罪犯无法满足正常的性需求,也很难过上正常的性生活。性需求被剥夺,会带来痛苦,部分罪犯甚至会因此产生心理问题。由于监狱这个特殊的环境,罪犯有了性冲动后受到限制无法满足,而只能选择用理智加以控制,从而产生性压抑。渴望性体验会给罪犯的身心带来不安与躁动——希望经常有异性出现在面前,爱看性方面的书籍和图画,喜欢和他人开有关性的玩笑,通过一些与性相关的视觉与听觉的接触来获得性的满足。部分罪犯由自己的性饥渴推及配偶,常无端怀疑在监狱外的配偶是否忠贞。由于性需求长期得不到正常满足,部分罪犯的性取向也发生了偏差,极少数罪犯会产生同性恋倾向,作为替代以满足性的欲望。这是一种不正常的性心理现象。性压抑的情况下,有些罪犯会发生过度自慰情况。过度自慰会带来生理伤害。而在心理上,部分罪犯担心过度性自慰行为会影响自己未来婚姻的幸福和生育能力,但自己又不能克制,因而陷入自责、痛苦之中。

那么,剥夺的痛苦容易引发罪犯哪些心理问题呢?

监禁与剥夺对罪犯的作用既表现为外在的物理强制,也体现为内在的心理伤害。罪犯接受刑罚,体验到剥夺的痛苦,而且罪犯经历了犯罪、被捕、审判等一系列心理应激事件,服刑期间又面临来自监禁环境、家庭、社会等多方面的压力,其心理健康整体水平普遍偏低,心理问题呈多发态势,严重影响了改造,妨碍其人格的发展与完善。

1. 适应方面的问题。 入狱服刑最先出现的问题就是适应问题,罪犯进入监狱服刑或多或少都会遇到适应方面的问题。有的罪犯因为无法适应监禁环境,忍受不了被剥夺的痛苦,除了在生理上出现紊乱情况,严重的还会导致行为失调。有的罪犯甚至可能因此出现心理障碍,产生神经症、精神疾病等。当罪犯面临角色的转换、严格的规章制度、活动空间的限制、复杂的人际关系等,不能以恰当的方式与监禁环境建立良好的协调关系,在认知、情绪以及行为上会产生适应困惑,表现为自卑孤独、绝望抗拒、自我封闭,与他人无法和谐相处,食欲不振,失眠多梦等。老病残犯、未成年犯、女犯因为身份和生理特点,会出现独特的适应问题。罪犯在入监服刑的初期、中期以及即将刑满的后期三个阶段都可能出现不同的适应困惑。这些问题既有共同的特点,也有个性化的差异。

2. 认知方面的问题。有的罪犯无法正确认知自我,或者对自己的认知不深,对自身存在的问题认识不到位,导致不能正确处理服刑生活中的各种问题。有的罪犯对自己存在错误认知,片面地给自己下结论,容易出现自卑、自大等极端人格,容易遭遇挫折,形成挫败感。有的罪犯对自己当下处境感到不满,却又无可奈何,甚至会不明白自己为什么会沦落为阶下囚,这些自我否定、自我质疑会导致原来人生观念的改变。有的对自己的未来人生失去了规划,感觉没有了方向;有的罪犯甚至会因此一蹶不振,破罐子破摔,对生活失去信心。在服刑过程中,各种事情都可能会使罪犯认知混乱,思想迷茫。这些混乱和迷茫,有的是亲人家庭原因造成的,有些是因为人际关系困扰造成的,有的是因为需求得不到满足导致的,有的是因为适应不了监规监纪带来的。

3. 情绪方面的问题。情绪问题是罪犯比较容易出现的心理问题,尤其是消极情绪对罪犯的身心具有很大的危害。有的罪犯入狱后由于社会地位落差、对前途不确定性的担心而郁郁寡欢、萎靡不振,表现出抑郁的情绪。有的罪犯在亲人接见前夕、刑满释放前出现睡眠问题,情绪激动,坐卧不安,产生莫名的担忧,表现出焦虑的情绪。有的罪犯遇到挫折或他人挑衅时,无法自控,鲁莽行事,结果往往铸成大错,追悔莫及。面对常见的不良情绪,如抑郁、焦虑、恐惧和愤怒等,一些罪犯不懂得如何去自我调节,被消极情绪影响甚至控制,破坏了自己的心情,降低了生活质量,还容易因此诱发各种违规违纪行为,甚至发生自杀、自残等极端行为。

4. 人际方面的问题。 在罪犯日常服刑生活中,人际方面比较容易发生问题。面对各种人际冲突,如果缺乏有效的管理冲突的技巧,则会引发很多问题。有的罪犯会因为人际冲突,出现失眠、易怒情况。有的会因为日常生活琐事而发生对抗管理行为,或者极容易与其他罪犯出现争吵甚至动手的情况。有的罪犯在服刑前就不善于人际交往,入狱后更加难以适应新的人际关系,出现比较严重的心理问题。有的罪犯具有潜在的精神病发病因素,在监狱环境中,有可能因为人际冲突诱发精神病。因为人际交往质量不高或者人际冲突,每个罪犯都或多或少地产生人际交往困扰。只不过,有些人表现得明显些,有些人表现得不那么明显。

第四节 适应监禁环境

特殊的监禁环境是罪犯产生心理问题的重要诱因。一个能够较好适应监禁环境的罪犯,出现心理问题的可能性会较低,解决心理问题会更加容易,服刑改造之路也会更加顺利平稳。适应监禁环境的前提是了解监禁环境。

监禁环境具有封闭性、强制性、变化性的特点。封闭性是指监禁的时空范围受到严格限制,现代的监狱不仅仅有高高的围墙,更有高压电网、红外线报警器、围墙震动报警器等高科技设备,罪犯只被允许在指定区域内活动。强制性是指监禁环境是依靠国家强制力为后盾、依法构建的特殊环境,罪犯需要时刻受到监规监纪约束和监狱警察的直接管理,每天的生活也要按照规定进行。变化性是指虽然整体的监禁环境一般不会发生大的变化,但随着服刑进程推进,罪犯个体对监禁环境的心理感受和适应情况也在不断变化,在服刑的不同阶段呈现出不同的心理特点。

对于这样的监禁环境,有的罪犯一时难以适应,会出现思想悲观、行为怪异、生活无措、生理紊乱等不适应症状。这些不适应更加容易引发罪犯的心理问题,给其服刑改造带来障碍。在服刑的不同阶段,罪犯对监禁环境的感受不同,心态不一样,面临的适应问题也不相同。刚入监的罪犯对环境不熟悉,对自己的刑期和未来的道路也没有明确的规划,会出现紧张、迷茫情绪。服刑中期,对监禁环境逐步熟悉,会觉得枯燥无聊、单调乏味。而到了服刑末期,临近出狱时,罪犯既有即将回家的兴奋与期待,又有重回社会的忐忑与不安。那么,如何适应监禁环境呢?

一、迅速融入入监初期

适应入监初期的监禁环境是走好服刑改造的第一步,对后面的服刑改造过程有着直接的影响。

（一）做好身份转变

入狱服刑，首先就是身份发生了转变，从社会公民变成了罪犯。这一转变不仅是法律身份发生了变化，还意味着你需要从内心去坦然承认和接受自己的罪犯身份。有的罪犯虽然身处监狱，但心却依然在监狱外，特别是曾经在社会上有一定地位的罪犯，还对以前的生活念念不忘，不愿意接受"阶下囚"的身份。这样的矛盾难免会使其产生心理痛苦。如果不肯直面现实，那么改变也就无从谈起。转变身份需要深刻反省自己的罪行，常常想想自己的所作所为给受害者、社会、家庭带来的伤害和痛苦。

（二）做好思想转变

思想转变总是伴随身份转变的过程，但比身份转变来得更加困难。考验一名罪犯能否适应监禁环境，最主要的是要看他能不能实现思想转变。有的罪犯虽然看上去接受了自己的罪犯身份，表面上接受监狱管理，但思想上并未发生真正转变：在面对监狱各项规章制度时，总有一种抵触心理；在参加改造的过程中，被动应付，得过且过，混刑度日；在与其他罪犯相处时，总爱吹嘘过去在社会上的经历，将自己同其他罪犯对立起来，表现得格格不入。这些都是其思想上未能转变的表现。服刑初期，罪犯要保持积极心态，真正地抛开以前的身份和地位，主动参与改造，不断矫正自我。要坚定信心，确定目标，相信自己一定能够改造好，并且能够经得住改造的痛苦和磨砺，最终成为一个合法公民。

【知识链接】

水手的故事

有两个水手在海上遇难,分别漂流到两个相邻的荒岛上。一个因为无边的孤独在绝望中死去。另一个却因为有雕刻的爱好,找到了一种打发时间、驱走孤独的方式,整天在岩石上雕刻心中理想的图案,因此感到很充实,丝毫感受不到孤独的存在。终于有一天海上漂来一叶白帆,他登上船,向着自己的目标远航了!同样的环境,前者看到的是茫茫无边的大海,后者看到生活还有很多乐趣。前者看到的是生命的茫然,他就死了;后者看到的是生命的意义,他得救了。

(三)做好行为转变

身份和思想转变最终体现为行为转变,没有行为转变,身份和思想转变就是空谈。人的行为是复杂多变的,即使身份和思想发生了转变,真正的行为转变还需要付出很多艰辛的努力。行为真正转变就是要形成一贯的稳定的行为模式,即养成守规矩的行为习惯,就是要积极遵守监规纪律,接受和服从监狱警察的管理,主动与各种违规违纪行为斗争。行为是否转变是考验罪犯是否真正适应监禁环境的一个基础准则,只有行为转变了,才表示罪犯真正适应了监禁环境。

二、平稳度过服刑中期

经历了入监初期的迷茫、困惑与紧张,随着对监狱服刑生活的适应,要加快心态调整,从被动改造向主动改造转变,完成各项改造任务。

(一) 遵守监规纪律

罪犯日常行为都要受到监规纪律限制,一旦违规违纪,就会受到严厉的惩罚,对自己的监内生活和之后的减刑都会有影响。监狱里的规矩和制度目的只有一个,就是规范罪犯的言行举止,帮助罪犯能够顺利改造,完成刑期。有的罪犯没有意识到监规纪律对改造生活的帮助,反而认为处处被监规纪律限制,甚至还故意违反监规纪律,结果受到更严厉的惩罚,改造之路也变得更难。监狱警察是罪犯的直接管理者,也是监规纪律的执行者。服从监狱警察的管理和教育,能够使自己的改造之路走得更加顺畅,犯错的概率也会大大降低。

(二) 保持平和心态

在服刑中期,罪犯基本已经适应了监狱的各种环境,但是也容易出现一些新的问题,最明显的就是心态逐渐出现变化:出现厌烦情绪,认为自己对监狱里的一些"规则"已经非常熟悉,也很有经验,不需要别人再来提醒教育。但随着服刑进程推进,改造任务更加艰巨,减刑假释需求更加强烈,人际交往变得复杂,家人的期待、其他罪犯的竞争、改造环境的变化,这些服刑中的新情况不断出现,会给罪犯带来新的适应困难。面对这些服刑中期出现的困难,罪犯要始终保持平和心态,坚定信心,积极面对,妥善处理这些适应问题,才能坚持到最后,完成服刑过程。

(三) 积极参与改造

服刑中期,罪犯在适应监禁环境之外,还需要自觉地从被动改造向主动改造转变,积极参与监狱各项改造活动。一开始参与改造,可能只是被动参与、被迫参加,态度敷衍、心态应付。但到了服刑中期,罪犯在参加各项改造时,要从内心去认可这些改造活动,带着自我改变的意愿和决心去参加改造活动,将改造要求内化到心里,主动去寻求自我改变,真正做到认罪悔罪。只有从内心深处认罪悔罪,才能主动要求参与改造,不断自我加压,提高自我要求,积极矫正自我,最终适应监禁环境。

【知识链接】

态度决定一切

同一件事,不同的人因为思维有异,态度不同,所产生的认知也就大相径庭。

有这样一个故事。有一个智者,一天他路过一个烈日炎炎下的建筑工地,所有人都在汗流浃背地搬砖。智者去问第一个人:"你在干什么呢?"那人特别没好气地告诉他:"你没看见吗?我这不是在服苦役——搬砖砌墙吗!快累死我了。"智者又问第二个人同样的问题,这个人的态度比第一个人平和多了,他先把手里的砖放下然后码齐,说:"我正在盖一栋高楼,不过这份工作可真不轻松呀!"智者又去问第三个人,那个人脸上一直有一种祥和的笑容,他把手里的砖放下,抬头擦了一把汗,很骄傲地跟智者说:"我正在建设一座新城市,我们现在所盖的这栋大楼未来将成为城市的标志性建筑之一啊!想想能参与这样一个工程,真是令人兴奋。"同样是劳动,每个人有不同的认识,认识不同感觉也不一样,态度决定人生。

十年后,第一个人依然在砌墙;第二个人坐在办公室里画图纸——他成了工程师;第三个人是前两个人的老板。

第一个人的态度就是悲观主义的态度。他把所做的每一件事情都看成是生活强加给自己的苦役,他所看到的只是眼前的辛苦,只是此时此地,看不到将来。

第二个人的态度称作职业主义态度。他只看到了在盖楼,只把自己所干的活当成职业,当成一件任务,只要能完成就心满意足了。

最后这个人会以积极的态度对你说:我在盖一座城市的标志性建筑。他对待眼下劳动的积极态度,远远超过了前面两个人。他看到了未来,他有远大的目标和美好的理想。他把每一块砖,每一滴汗,都看作是通向成功殿堂的奠基。他不是在被动地劳动,他特别自信,认为自己的每一步都是有价值的,他的付出一定会使他成功。

三、顺利走好后期回归

在服刑末期,不少罪犯虽然身在监狱,但是心早已飞到监狱外面的世界去了。罪犯容易出现情绪不稳定、过度放松自我、对未来迷茫紧张等问题,此时必须积极调整心理期望,客观地认识自我,认真做好回归社会的各种准备,只有这样才能从容地回归社会,适应新的生活。

(一)正确评价自我

迅速适应服刑末期和释放初期的生活,需要对自己有清醒的认识和客观的定位。首先弄明白自己的身份：在监狱服刑，只要一天没有刑满释放，就还是一名罪犯，既然是罪犯，就依然要遵守监规纪律，服从狱警管理，踏实参加改造。刑满释放之后，从踏出监狱大门的那一刻起，罪犯的身份不复存在，但依然要遵守国家法律法规、公序良俗。其次要调整好出狱前的心态：有的罪犯因为即将出狱，对未来要么过度自信，要么过度悲观，导致自己开始患得患失，情绪也变得浮躁易怒，如果不加以控制，很容易就会违规违纪，给自己带来很多麻烦。最后要了解社会发展状况：社会发展日新月异，刚刑满的罪犯，特别是刑期长的罪犯，出狱后面对一个全新的社会，都会产生陌生感，适应起来可能会遇到困难。刑满后就将开始正常社会生活，但现实生活不像想象中那么美好，有时是很残酷的。只有全面了解社会变化，保持开放学习的态度，回归社会后踏踏实实工作，本本分分做人，才可以创造属于自己的美好未来。

【案例】

罪犯于某在服刑期间一直遵规守纪，与他犯关系也处得非常好，但是在临近刑满时，他的心态渐渐变得浮躁，脾气也大了很多，经常和他犯争吵和打架，警察多次教育都没有效果。终于有一次，于某在与他犯争吵后忍不住动起手来，将他犯鼻梁骨打断，被加刑一年，并且根据相关法律，于某之前获得的减刑全部取消。因为自己的"任性挥拳"，于某的出狱之日再次遥遥无期。

（二）训练必备能力

适应回归社会后的生活，除了要了解社会，还要增强个人能力，包括就业技能、交往技能和明辨是非的能力。首先，掌握就业技能。就业技能是安身立命之本，有一技之长傍身，才可以给家人更好的生活条件。监狱给罪犯提供了很多职业技术培训，比如缝纫、电工、烹饪等。这些技术看起来很"低级"，很多罪犯觉得没有技术含量，其实不然。这些基础的技能正是社会上需求量最大的，可以帮助罪犯出狱后迅速找到工作，稳定下来，然后再继续学习更先进的技术，谋求更好的职业。其次，掌握交往技能。社会是由很多人组成的，每个人在社会上都会与其他人产生各种各样的联系，有的人与他人关系处得很好，有的人则把关系闹得很僵，这体现的就是交往技能。在交往方面，情商是非常重要的，简单地说就是知道在什么场合说什么样的话。有句俗话说"一句话叫人跳，一句话叫人笑"，意思就是内容一样的话，用不同的方式说出来可能会出现两种截然不同的效果。那么怎样说得让人笑呢？学会换位思考，抛开以自我为中心的观念，尝试多从别人的角度去看问题，只有理解了别人是怎么想的，为什么会这么想，才能拥有良好的人际关系。对刑满释放人员来说，特别要主动回避、远离、拒绝以往的不良交往对象。最后，要形成明辨是非的能力。回归社会后，会遇上形形色色的人与事，有善良的人，也有心术不正的人，以前的不良朋友也有可能找上门来。作为一个刑满释放重获新生的人，心中要有清醒的认识，坚持自己的原则，遵守法律的底线，明辨是非。有的刑满释放人员因为文化水平偏低，认知有限，导致有些事情不知道是对还是错，那就要多问问身边亲戚朋友的意见，遇到困难，要学会及时求助社区帮教机构,咨询相关领域专业人员,同时也要加强学习,弥补自身不足,提高辨别是非的能力。

(三)勇敢担起责任

适应回归后的生活,既要有必要的能力,也要有勇敢担当责任的信心。首先要勇担法律责任。法律责任是每个人都要承担的,简单地说就是要认可法律法规,遵守法律法规,自觉维护法律权威。刑满释放后,要始终把在监狱中学到的法律知识牢记于心,坚守法律底线,承担法律责任,避免重蹈覆辙。其次要勇担家庭责任。每个人都要承担家庭责任,罪犯在监狱中服刑时因为无法与亲人团聚,为家庭所做贡献普遍较少,在刑满释放后,可以和家人长时间待在一起,就要好好承担起自己的家庭责任,对父母要孝顺有爱心,对孩子要耐心呵护,对伴侣要理解体谅、相互分担,只有这样才能将日子过得和和美美。最后要承担社会责任。罪犯出狱后重获新生,就要多做对社会有意义的事。社会责任是一个很宽泛的概念,它体现在社会中的方方面面,比如认真工作、从事公益、邻里和睦等等。社会的和谐不是靠一个人两个人就能实现的,靠的是所有人的努力。如果因为某种原因未能及时做好自己分内的事,只要及时补救,积极承担后果,也算是承担了社会责任,一样值得鼓励。

无论在改造的哪个阶段、哪个环节,都需要罪犯主动去适应、融入监禁环境中去。尽管女犯、未成年犯、老残犯的性别、年龄、身体各有差异,适应监禁环境比一般罪犯难度更大,但只有适应监禁环境,才能走稳改造之路。

【警官寄语】

犯罪导致监禁,在监禁过程中,罪犯被依法剥夺某些权利,从而带来身心痛苦。这些痛苦有可能使罪犯产生心理问题。在接受刑罚所带来痛苦的同时,罪犯需要积极适应监禁环境,积极解决心理问题,实现平稳服刑改造,顺利走向新生。

【学、思、写】

1. 为什么我会服刑?
2. 服刑后我失去了什么?
3. 服刑给我带来了哪些痛苦?
4. 我该如何适应监禁生活?

📢 **导读**：适应监禁环境，顺利进行改造，满足回归需要，都必须拥有健康的心理。监禁条件下，罪犯自由被剥夺，权利受限制，会引发一系列心理健康问题。对于每一名罪犯，懂得心理健康知识，了解心理问题解决办法，是其平稳改造、早日回归社会的基本保障。

第二单元　健康从心开始

心理健康是一种持续且积极发展的心理状态,是现代人健康不可分割的重要方面。心理因素在日常生活中发挥着重要的作用,它与个人的身体健康、生活学习、人际关系、个人情感密切相关。罪犯在狱内服刑,更需有一个健康的心理状况。学习心理健康知识,了解心理健康标准,懂得调整心理健康不利因素极其重要。

第一节　心理健康有标准

心理健康的标准是划分心理健康者与心理不健康者的依据,也是诊断和消除不良影响因素的主要参考。处在监禁状态下,学习心理健康标准知识,有助于调顺心态,促进平稳改造。

一、心理健康基本知识

罪犯心理问题产生的原因与一般人有不同之处。生活在监狱高墙电网下的罪犯,不仅会受到外部环境的压力,而且还受到内部身心的困扰,容易产生不同程度的心理疾病,如果调节不力,就会严重影响自身的改造。了解心理基本知识有助于正确解释心理现象,对于保持心理健康具有重要意义。

(一)心理构成要素

大脑的发育为人类心理的发生和发展提供了基础。人的心理分为心理过程和心理特性。心理过程是指人的大脑反映客观世界的过程,主要表现为认知、情感和意志三种形式;心理特性是指一个人区别于他人的,在不同环境中一贯表现出来的、相对稳定的个人特点,主要包括动机、价值观、能力和性格等(如下图)。

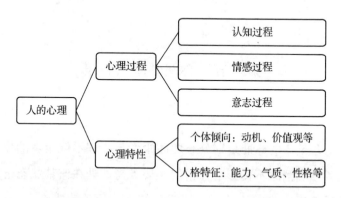

(二)心理过程

心理过程指人在一定时间内的心理活动发生、发展的过程,由认知过程、情感过程和意志过程所构成。认知过程是指认识外部世界的过程,它包括感知觉、记忆、想象和思维等。我们的大脑接受的外界信息,经过大脑的加工处理,转换成心理活动,进而产生行为。在认识外部世界时,会产生态度,引起内心喜欢、讨厌、憎恨等等不同情绪体验,这就是情感过程。它是在认知过程的基础上产生的心理活动,并且会对认知产生影响。积极情感能激发人们认知的积极性,使人锐意进取;消极情感会使人消沉沮丧。意志过程是推动人们为实现奋斗目标而有所作为并且维持这些行为的内部动力,为了实现奋斗目标,一个人有意识地提出目标,制订计划,选择方法,克服困难,以完成预期目标。

人的认知、情感、意志不是孤立的,它们是互相关联的整体。意志与认知、情感有密切关系,并通过行为表现出来,这种受意志支配的有目的指向性的行为就是意志行为。个体对意志行为的调节和控制,是根据认知和情感来实现的,而个体意志的坚强和懦弱又反过来对人的认知和情感产生巨大影响。学会树立正确的意志品质,学会如何在意志行动中面对困境和挫折,有利于个体目标的最终完成。罪犯在服刑改造中,需要确立改造目标,并且围绕目标来制订改造计划,踏实践行,同时还要努力克服各种困难,才能走向新生,这就是意志过程。

(三) 心理特性

心理特性包括动机、价值观、能力和性格等,这些心理特性反映出一个人的精神面貌和意识倾向,体现了个人心理活动的独特性。人们心理活动过程都会表现出个人的特点,构成独特的心理面貌。有的人观察敏锐、精确,有的人观察粗枝大叶;有的人思维灵活,有的人思考问题深入;有的人情绪稳定、内向,有的人情绪易波动、外向；有的人办事果断，有的人优柔寡断等等。这些稳固而经常出现的心理特性也叫个性心理特征。

【知识链接】

你是什么样的人

心理学家巴甫洛夫将个体的神经活动分为活泼型、安静型、兴奋型和抑郁型，对应的气质类型分别为多血质、黏液质、胆汁质和抑郁质四种类型。这四种气质类型特点分别为：

多血质：这种气质的人性格外向，活泼好动，善于交际；思维敏捷；容易接受新鲜事物；情绪情感容易产生也容易变化和消失，情绪外露。容易形成有朝气、热情、活泼、爱交际、有同情心、思想灵活等品质，也容易出现变化无常、粗枝大叶、浮躁、缺乏一贯性等特点。

黏液质：这种气质的人平静，善于克制忍让，生活有规律，不为无关事情分心，埋头苦干，有耐久力，态度持重，不卑不亢，不爱空谈，严肃认真；但不够灵活，注意力不易转移，因循守旧，对事业缺乏热情。

胆汁质：情感的产生迅速、强烈、持久，动作的发生也迅速、强烈、有力。这一气质类型的人都热情、直爽、精力旺盛，脾气急躁，心境变化剧烈，易动感情，很外向。

抑郁质：为人小心谨慎，思考透彻，在困难面前容易优柔寡断。体验情绪的方式较少，稳定的情感产生也很慢，但对情感的体验深刻、有力、持久，而且具有高度的情绪易感性。

二、罪犯心理健康要素与标准

心理学家认为,人的心理健康包括以下七个方面:智力正常、情绪健康、意志健全、行为协调、人际关系适应、反应适度、心理特点符合年龄。人们掌握了心理健康标准,以此为依据对照自己,进行心理健康的自我诊断,发现自己的心理状况某个或某几个方面与心理健康标准有一定距离,可以针对性地加强心理锻炼,以期达到心理健康标准水平。如果发现自己的心理状态严重地偏离心理健康标准,就要及时就医,以便进行早期诊断与早期治疗。依据心理学家提出的心理健康标准,罪犯心理健康的要素与标准可以归纳为以下几个方面。

1. 面对现实认罪悔罪。心理健康的罪犯能正确面对监禁环境,建立并保持积极的服刑心态,参与学习劳动,能够从改造中获得满足和激励,提高自我价值感。

2. 正确认识自我。心理健康的罪犯能体验到自己的存在价值,既能认识到自己的表面特点,又能了解自己的个性、情绪、动机等内在特点,并对此有适当的自我评价,不过分炫耀也不过分自卑。

3. 人际关系良好。心理健康的罪犯乐于与人交往,能和他人建立协调良好的人际关系。能够理解、尊重、善待他人,能够与他人平等交流,主动接受他人,人际关系和谐融洽。

4. 情绪健康稳定。心理健康的罪犯通常心境开朗乐观,能恰当地协调自己的情绪,保持积极愉悦的情绪状态,善于控制消极不良的情绪。

5. 人格完整协调。心理健康的罪犯能够保持人格的完整和协调,其气质、能力、性格以及人生观、价值观等都能平衡发展,并且能够做到言行一致、知行合一,不依附或盲从于他人。

【知识链接】

心理健康小测试

题目	是	否
1. 干什么事情都不能专心		
2. 因心烦而睡眠很少		
3. 感到在各种事情上都不能发挥作用		
4. 对一些问题没有能力做出决断		
5. 总是处于紧张之中		
6. 感到无法克服困难		
7. 从日常生活中不能感到乐趣		
8. 不能够面对困难		
9. 感到不高兴和心情压抑		
10. 对自己失去信心		
11. 认为自己是无用的人		
12. 所有的事情都感到不值得高兴		

每道题答案为"是"获得 1 分,为"否"不得分。当总分大于或等于 4 分,说明你的心理健康已经出现问题,需要改变生活习惯,保持充足睡眠,通过向他人倾诉烦恼等方式缓解紧张的情绪,必要时向警察寻求帮助。

三、常见心理现象

对照以上标准是不是让你对心理以及心理健康有了大概的认识呢？其实心理现象在我们生活的方方面面都有体现，科学家通过各种实验、观察和总结的方式给许多心理现象予以命名。罪犯服刑过程中常见的心理现象有以下几种：

1. 破窗效应。心理学的研究中有个现象叫"破窗效应"，就是说，一个房子如果窗户破了，没有人去修补，隔不久，其他的窗户也会莫名其妙地被人打破。一面墙，如果出现一些涂鸦没有清洗掉，很快，墙上就会布满乱七八糟、不堪入目的东西。在一个很干净的地方，人会不好意思丢垃圾，但是一旦地上有垃圾出现，人就会毫不犹豫地在此地丢垃圾，丝毫不觉羞愧。这真是个很奇怪的现象。任何一种不良现象的存在，都在传递着一种信息，这种信息会导致不良现象的无限扩张。必须高度警觉那些看起来是偶然的、个别的、轻微的"过错"，如果对这种行为不闻不问、熟视无睹、反应迟钝或纠正不力，就会纵容更多的人"去打烂更多的窗户玻璃"，就极有可能演变成"千里之堤，溃于蚁穴"的恶果。

监狱规定罪犯必须佩戴番号牌。在某监区，最初有一两个罪犯嫌麻烦没有佩戴，警察并没有引起重视，没有对这少数罪犯进行惩罚。一个月以后，不带番号牌的罪犯由最初的一两个发展到近乎一半，罪犯对此规定抱着可有可无的态度，警察并没有令行禁止，反而一再纵容，最终必将严重影响改造风气和罪犯的精神面貌。

2. 刻板效应。又称刻板印象、社会定型,是指对某人或某一类人产生的一种比较固定的、类化的看法。还没有进行实质性的交往,就对某一类人产生了一种不易改变的、笼统而简单的评价,这是我们认识他人时经常出现的现象。有些人总是习惯于把人进行机械的归类,把某个具体的人看作是某类人的典型代表,把对某类人的评价视为对某个人的评价,因而影响正确的判断。刻板印象常常是一种偏见,人们不仅对接触过的人会产生刻板印象,还会根据一些不是十分真实的间接资料对未接触过的人产生刻板印象。

刻板效应表明,爱挑毛病的罪犯不一定是"刺儿头";沉默寡言的罪犯不一定城府很深;活泼好动的不一定办事毛糙;性格内向的不一定老实听话。

3. 虚荣效应。虚荣心是以不适当的方式来保护自己自尊心的一种心理状态,为了取得荣誉和引起普遍注意而表现出来的一种不正常的社会情感。简单地说,虚荣心就是扭曲了的自尊心。一个人的需要超过了自己的担负能力,就会想通过不适当的手段来达到自尊心的满足,这样就产生了虚荣心。虚荣者在虚荣心的驱使下,往往只追求面子,不顾现实条件,最后造成危害,有时甚至导致违规违纪行为的发生,带来严重后果。虚荣者的内心其实是空虚的,他们表面的虚荣与内心的空虚总在不断地斗争:没有满足虚荣心之前,会因为自己不如他人的现状而痛苦;满足虚荣心之后,又唯恐自己真相败露而受折磨。虚荣心不但危害自己,而且危害身边的人,虚荣的人不但不会得到尊重和推崇,反而会招致别人的反感和敌意。

【案例】

罪犯张某,原系某县县长,因受贿罪被判处有期徒刑9年,从地方领导变成被监管的囚犯,心理落差很大。"面子问题"成了他的一块心病,对要求他与其他罪犯接受同样的监管改造,觉得太没面子,要么借口身体不适,要么敷衍了事,几个月下来,警察不满意,其他罪犯有意见,张某内心觉得更加沮丧、自卑。

【知识链接】

保持心理健康的意义

保持心理健康对个体的发展具有重要意义,保持良好的心理健康状态,可以让人们以一种更加积极高效的精神面貌投入日常的工作和生活中。对于罪犯来说,心理健康更是服刑改造中不可或缺的因素,直接影响着自身的情绪情感、态度认知、行为动机和改造质量,是罪犯得以适应监狱生活、成功改造的前提,也影响着监狱安全和社会稳定。

第一,健康身体的基础。人的心理活动会影响神经系统,而神经系统能够对生理产生作用。例如人在焦虑紧张的时候,会抑制肠胃的消化功能,长此以往会引发消化系统疾病。

第二,适应监狱生活的保证。入监服刑后,所处环境发生了剧烈变化,面对监禁状态,健康的心理有助于提高自身抗压能力,从而从容不迫地面对生活,积极投身改造。

第三,正确处理人际关系的关键。具有健康心理的罪犯,一般人格健全、心胸豁达、乐于助人,因此能够与警察、家人、其他罪犯建立良好的人际关系,把自己融入集体之中。

第四,个人成长的助推器。罪犯在改造过程中,难免会遇到成功与失败,如果缺少健康的心理,成功时就会骄傲自满、满足现状、半途而废,失败时就会自怨自艾、精神忧郁、一蹶不振。

第五,回归适应的前提。拥有健康心理的罪犯能够正确认识自己,提高抗压能力,通过挖掘自身潜力,克服焦虑情绪,坦然面对刑释后可能遇到的歧视,增强回归适应的能力。

第二节 心理问题有缘由

就像人的身体有病一样,心理出现问题也是有原因的。心理问题是人在受到刺激后产生的心理变化。每个人都会遇到心理问题,没有心理问题的人是不存在的。出现心理问题要坦然面对,没有必要刻意回避。

一、心理问题的分类

我们的心理常常会有各种不适,如有时候因为与别人争吵而感觉愤怒痛苦,有时候因为到了新的环境而感觉陌生不适应,有时候因为改造受挫而感觉灰心失望。一般来说,心理问题通常可以分为一般心理问题、严重心理问题和心理异常。

（一）一般心理问题

一般心理问题是由现实因素激发，持续时间较短，情绪反应在理智控制之下，不严重破坏社会功能，情绪反应尚未泛化的心理不健康状态。有以下三个特征：

1. 现实因素激发。 即由生活中的某些事件引发，如因亲人亡故、夫妻离婚、环境不适应、压力大、人际关系紧张等因素而产生内心冲突，并因此体验到不良的情绪。如厌烦、沮丧、自责、抑郁、焦虑等。

2. 持续时间较短。 指不良情绪不间断地持续一个月或断断续续地持续两个月仍不能自行化解。与此同时，该不良情绪仍能在理智控制之下，自己始终能保持行为不失常态，能维持正常的生活、劳动、学习和人际交往，只是效率有所下降。

3. 情绪反应未泛化。 指自始至终不良情绪的激发因素仅仅局限于最初事件，即使是与最初事件有联系的其他事件，也不引起此类不良情绪。

（二）严重心理问题

严重心理问题由相对强烈的现实因素激发，情绪反应比较剧烈，持续时间较长，有些人甚至会短暂失去理智，对日常生活和工作有明显影响。一般有四个特征：

1. 现实刺激强烈。 引起严重心理问题的原因对某个人来说是较为强烈的较大的现实刺激，不同原因引起的心理障碍，当事人分别体验着不同的痛苦情绪，如悔罪、冤屈、失落、恼怒、悲哀等。

2. 持续时间较长。 不良情绪持续 2 个月以上半年以下，仍不能自我化解。

3. 短暂失去理智。 多数情况下会短暂地失去理性控制，在后来的持续时间里，痛苦可逐渐减弱，但是却不能完全摆脱，对生活、劳动、学习、人际关系等改造活动有一定程度的影响。

4. 反应对象泛化。 就是我们经常说的"一朝被蛇咬，十年怕井绳"，不良情绪不但能被最初的刺激引起，而且也可以被与最初刺激相类似、相关联的刺激引起。

【贴士】

如何判断一般心理问题和严重心理问题

	一般心理问题	严重心理问题
情绪反应强度	由现实生活、工作压力等因素而产生内心冲突，引起的不良情绪反应，有现实意义且带有明显的道德色彩	由较强烈的、对个体威胁较大的现实刺激引起的心理障碍，体验着痛苦情绪
情绪体验持续时间	求助者的情绪体验时间不间断地持续1个月或者间断地持续2个月仍不能自行化解	情绪体验超过2个月，未超过半年，不能自行化解
行为受理智控制程度	不良情绪反应在理智控制下，不失常态，基本维持正常生活、社会交往，但效率下降，没有对社会功能造成影响	遭受的刺激越大，反应越强烈。多数情况下，会短暂失去理智控制，难以解脱，对生活、工作、和社会交往有一定程度影响
泛化程度	只有特定的对象才能引起情绪反应	类似的对象都能引起情绪反应

（三）心理异常

心理异常是指大脑的结构或机能失调造成人对客观现实反映的紊乱和歪曲，既反映为个人自我概念和某些能力的异常，也反映为社会人际关系和个人生活上的适应障碍。心理异常主要包括神经症、人格障碍和精神疾病三个类别。心理异常需要接受心理治疗，这样的患者往往已经没有现实检验能力，自我功能严重受损，旁人无法进入他的世界，心理咨询已经难以奏效。因而心理异常不能寄希望于自我调整，一定要及时就医。

【知识链接】

如何判断心理异常

1. 是否事出有因。心理问题多由生活或工作上的困境或冲突引发，愿望或目标求而不得，导致人们产生内心冲突，情绪和行为的改变与刺激事件有直接因果关系；而精神疾病往往"无缘无故"地出现，多数没有明确的诱因，或诱发因素与情绪和行为变化的严重程度不相符，并且症状无法用现实困难解释，让人无法理解。

2. 持续时间是否不同。心理问题导致的情绪和行为变化一般持续时间不长，通常经过人们自我调适可以缓解，当现实的困境过去，症状会消退并很少会反复；精神疾病出现的症状会持续较长时间，症状会反反复复，很难自行缓解，需要专业治疗，否则会迁延难愈。

3. 情绪反应是否在理智控制之下。心理问题导致的不良情绪，都局限在激发情绪或行为的最初事件，人们始终能保持行为不失常态;而精神疾病的情绪反应会让人失去理智,往往被情绪控制,有些疾病还会出现离奇怪异的言谈、思想和行为。

4. 是否严重破坏社会功能。心理问题一般不会破坏人们的日常工作、学习、生活,人们可以胜任自身的角色,待人接物不受或不会长期受影响;而有精神障碍者自身社会功能不完整,不能胜任工作、学习,日常生活受到影响,甚至影响他人的正常生活。

二、心理问题产生的原因

罪犯心理问题产生的原因,主要包括以下几个方面:

1. 环境发生变化。罪犯离开原来生活的社会环境,来到监狱这个特殊的环境以后,面对高墙电网,很容易产生恐惧、压抑等心理。在以后的服刑中,既要受到严格的监规纪律约束,又要参加各种改造活动,如果恐惧、压抑的心理得不到有效扭转,则容易产生更加严重的心理问题。

2. 角色发生变化。罪犯入监后,身份角色发生明显改变,由此产生强烈的心理冲突,不愿面对现实,却又无法回避现实,这种冲突很容易导致心理问题的产生。

3. 家庭发生变故。罪犯入狱后,家庭处于割裂状态,夫妻关系紧张、家庭经济困难、子女失学失业等问题会随之而来,一旦遇到这些问题,罪犯就会产生严重的心理压力,出现抑郁、焦虑、烦躁等不良情绪,罪犯的心理也会随之产生问题。

4. 人际关系失调。不良的人际关系是导致罪犯产生心理疾病的重要原因。有的罪犯因为对与其他罪犯的人际关系处理不当,难以融入罪犯群体;有的罪犯一旦受到警察批评,不能正确对待,产生逆反仇视心理,警囚关系紧张;有的罪犯因犯罪导致家庭矛盾加剧,亲情关系受损,整日孤独悲伤,度日如年,引发严重的心理问题。

5. 改造目标受挫。罪犯在不同的改造阶段,有不同的改造目标,改造目标一旦受挫,就会引发罪犯严重的心理冲突。有的罪犯想拿高分获减刑,但又不愿付出努力踏实改造;有的罪犯改造目标不合理,严重超越自身实际和能力;有的罪犯付出了努力,但由于客观环境和条件发生了变化,原有的目标难以实现。这些情况容易引发罪犯挫折感,使其抱怨"改造无门""新生无路"。

三、罪犯常见的心理问题

罪犯心理问题的产生同样是一个从量变到质变的过程。随着改造时间和环境的变化,一些常见的心理问题会进一步加剧。主要表现为以下几个方面。

1. 仇视心理加剧。有些罪犯不反思自身存在的问题,片面地将犯罪归咎于他人,仇视国家,仇视社会。在服刑过程中,他们的这种情绪一旦得不到有效缓解,仇视心理会进一步加剧,从而导致罪犯之间、罪犯与警察之间的矛盾进一步激化,有的罪犯甚至情绪失控,采取一些偏激的行为,破坏监管秩序,影响其他罪犯改造。

2. 孤立心理严重。大多数罪犯与亲属的关系相处得不好,有的甚至是众叛亲离,犯罪后进了监狱,更不可能得到亲情的温暖和亲人的关怀；有的家庭甚至将其抛弃，不闻不问，有些罪犯入狱两三年后仍没有人来探望；有些罪犯自身存在着逃避心理，觉得对不起家人，故意把自己封闭起来，连自己的父母、妻子、儿女也不愿见，从而产生一种自我禁锢和保护，让他人无法窥视其内心世界。这些罪犯长期封闭内心，性格孤僻，与其他犯人相处也不融洽，久而久之形成一种孤立性人格，有可能产生自卑自虐、自杀脱逃等现象。

3. 焦虑心理增强。 不少罪犯顾虑过多，心理压力过大。有的觉得愧对父母，有的认为对不起妻儿，有的害怕妻子跟自己离婚或者与外人私通、父母子女无人照顾，有的担心自己的企业无人经营、财产被人分割。特别是一些罪犯在家庭出现变故后心理发生较大变化，天天长吁短叹，焦虑不安，紧张恐惧，顾虑重重。

4. 自绝心理加重。 有的罪犯入狱后精神低迷，自我调节能力差，心理压力不断淤积，没有机会和空间释放，前途和希望渺茫，灰心丧气，郁郁寡欢，往往产生自伤、自残甚至自杀的心理及行为。

5. 依赖心理过重。 有的罪犯心理敏感脆弱，常常为一些无关紧要的事情产生较大的情绪波动，对警察、其他犯人或家庭产生严重的依赖情结，过于关注警察、其他罪犯对自己的评价。有的罪犯为高敏感型人格，每每发现与自己交往较多的罪犯同其他罪犯窃窃私语，或者警察安排别人去做某事而没有安排自己，妒忌和失落感油然而生，产生被警察和其他罪犯冷落抛弃的感觉，有的甚至躲在暗处默默落泪。

第三节 解决心症有办法

心理问题不可怕,对不同的心理问题,有不同的应对方式。那么在服刑情境下又能用怎样的办法来解决心症呢?

一、一般心理问题的调节与疏导

对每个人来说,一般心理问题会经常存在。在监禁情形下,这样的情况更加普遍。掌握方法,学会调整各种心理不适问题对于平稳改造尤为重要。

(一)自我调节

一般心理问题的特质在于它是一种正常的心理现象,严重程度较低,很多时候,通过自我调节就可以较好克服。日常的自我调节方法有很多,比如倾诉、运动、宣泄等等,心理学也有很多专业的调节技术,比方说空椅子技术、放松技术等等,这些技术都可以在心理咨询师的指导下进行自我运用。监狱也提供了一些自我调节的渠道方式,例如,心理健康类读本、户外文娱活动、宣泄室等,这都是为了让罪犯在遇到心理不适时可以通过这些渠道自我调适。其实,很多心理不适,通过顺其自然的方式就可以化解,不需要过于纠结、聚焦于问题本身。

【贴士】

空椅子技术

空椅子技术是心理咨询常用的一种技术,是使来访者内射外显的方式之一。它的本质就是一种角色扮演。空椅子技术运用两张椅子,要求来访者先坐在其中一张椅子上,扮演内心冲突情境的一方,然后再换坐到另一张椅子上,扮演内心冲突情境的另一方,从而让来访者所扮演的两方持续进行对话,以逐步达到自我的整合或者自我与环境的整合。这种方法可使内射表面化,使来访者充分地体验冲突。

其实我们在有所了解的情况下,完全可以自行运用这个技术来分析自己目前的处境和情绪状态,并予以调整。如果对这种方法感兴趣的话,可以请求监区的心理咨询师帮助自己完成一次自我对话哟!

(二)心理咨询

监狱在每个监区都配有心理咨询师,监狱心理健康中心也有专职的心理咨询师可以为罪犯提供长程、中程和短程的包括日常心理健康、家庭关系等方面的心理咨询和辅导。一般心理问题大多由常规因素引发,持续时间较短,对日常生活方面影响不大,通过短程的心理咨询即可得到较为有效的缓解,也可以通过警察个别谈话的方式进行倾诉。但心理咨询和个别谈话所涵盖的范围和对象不同。心理咨询可以提供心理学专业层面的情绪疏导和心理调节。个别谈话可以作为倾诉渠道或者对引发心理不适的现实层面问题予以解决。罪犯可以根据自身需要进行选择。

（三）参与监狱心理课程

为了保证罪犯群体的心理健康，监狱设置各种心理健康教育活动，解决罪犯的一般心理问题，其中包括心理健康教育课程、专门的心理矫正项目，以及定期的团体辅导等。心理课程是普适性的，主要帮助罪犯群体普及心理健康的基本知识，做到对心理健康问题有认识、有概念。矫正项目是有一定针对性的阶段化的心理矫正活动，罪犯可以根据自身的问题，选择适合自己的项目主动报名，接受矫正。团体辅导是监狱定期或不定期举办的团体心理保健活动，具有很好的分享、交流和互动作用，对调整心理状态、增加感性体验和理性思考均有较好的作用。

二、严重心理问题的求助与干预

严重心理问题需要依赖外界的专业帮助，同时结合自身调整，才能够得到较好的恢复，否则，心理问题会迟迟得不到解决甚至会进一步恶化。那么，在监狱情境中，罪犯如何解决严重心理问题呢？

（一）求助心理咨询

心理咨询是调整心理不适的有效方法，由于严重心理问题具有一定的复杂性和痛苦性，罪犯自我调整能力有限，很多时候非专业干预难以行之有效，任其自然发展也难以解脱，故需要心理咨询进行长期、深入的干预。当罪犯感觉自身较长时间内比较痛苦时，需要及时主动向心理咨询师进行汇报。由心理咨询师对问题的严重程度和类别予以判定，并制定相应的心理咨询方案，完整地从建立咨访关系开始,选取相应的专业技术对罪犯进行心理问题缘由分析、认知情绪调整等操作,帮助罪犯尽快克服严重心理问题。

(二)积极配合干预

严重心理问题的一个突出表现就是容易失去理智,只有积极配合干预,才能将情绪控制在合理范围内。在判定严重心理问题后,心理咨询师会采取一系列的干预措施,罪犯应该积极配合参与各项干预活动,完成各项心理作业。类似于身体疾病,心症解决也需要对症下"药",当干预不到位、治疗不彻底时,严重心理问题不仅不能得到缓解,反而会像慢性病一样,变得更为严重。

(三)参与心理辅导

心理问题并不可怕,纵然从中体验到很多痛苦,但很多时候也是个人内心得到成长的契机,需要从正面的角度去看待人生遇到的各种问题。挫折是财富,苦难成就辉煌。针对严重心理问题的个别差异和不同类型,罪犯应当主动参加监狱开展的各类个体辅导和团体辅导活动,调整负面情绪,调适人际关系,改善自我认知,增强抗压能力,从而不断缓解严重心理问题,修复心灵创伤。

三、心理异常的防范与预后

心理异常问题持续时间长、痛苦程度深,比严重心理问题更加难以自我调整,需要心理咨询师甚至精神科医生予以介入、干预、治疗。

(一)学会与顽固心理问题和平共处

遇到心理异常问题,不必过度惊慌,类似于身体疾病,治疗过程痛苦但可以缓解,并最终得到治愈,心理异常问题也是如此。心理异常的罪犯需要建立自信,学会坦然接受,明白心理问题是正常的、很多人都会经历的,要勇于面对,学会与顽固心理共生共控,坚信彩虹总在风雨之后。"森田疗法"代表的就是这一观点:带着问题向前走,人生没有完美无缺,要接纳生命所有的状态。

【知识链接】

森田疗法

森田疗法又叫禅疗法、根治的自然疗法,由日本东京慈惠会医科大学森田正马教授(1874—1938)创立。森田疗法主要适用于强迫症、社交恐怖、广场恐怖、惊恐发作的治疗,另外对广泛性焦虑、疑病等神经症,还有抑郁症等也有疗效。

"顺其自然、为所当为"是森田疗法的基本治疗原则。森田理论要求人们把烦恼等当作人的一种自然的感情来顺其自然地接纳它,不要当作异物去拼命地想排除它,否则,就会由于求而不得而引发思想矛盾和精神交互作用,导致内心世界的激烈冲突。如果能够顺其自然地接纳所有的症状、痛苦以及不安、烦恼等情绪,默默承受和忍受这些痛苦,就可从被束缚的机制中解脱出来,达到消除或者避免神经质性格的消极面的影响,而充分发挥其正面的"生的欲望"的积极作用的目的。

森田疗法强调不能简单地把消除症状作为治疗的目标,而应该把自己从反复想消除症状的泥潭中解放出来,然后重新调整生活,不要指望也不可能立即消除自己的症状,而是学会带着症状去生活。

（二）学会求助心理干预

监狱针对一般、严重和异常心理问题，建立了不同的心理干预措施，对于心理异常问题，监狱建立了专家会诊、危机干预、药物控制等方法措施，罪犯入监后就应当及时了解监狱各项心理求助的干预方法，根据自己的心理问题选择相应的途径及时求助。

（三）学会与专业人员共同解决问题

在社会上，我们遇到心理问题时，常常需要支付给他人一定的经济报酬才能获得相应的咨询服务。而在监狱里，警察和专业人员会主动为遇到心理问题的罪犯提供无偿的帮助，罪犯应当珍惜这样的机会。心理咨询本质上是一种助人自助的活动，故而，罪犯应当学会如何同专业人员一起配合，共同解决自身的问题，为自己的服刑之路甚至人生之路消减障碍。在咨询师要了解情况时，应当如实汇报；在咨询师布置心理任务时，应当积极完成；在咨询师伸出援手时，应该共同努力，尊重监狱为罪犯提供的免费心理救助。

【学、思、写】

1. 你有什么样的性格特点？
2. 罪犯常见的心理问题有哪些？
3. 如何维持心理健康？

📢 **导读**：实事求是评价自己的想法、期望、行为及个性特征，是罪犯尽快适应监禁环境，主动调整改造心态，积极参与改造活动，平稳度过服刑改造的基础与前提。要打好这样的基础，稳固这样的前提，应该学会自我认知。

第三单元 学会自我认知

认识自我,就是客观评价自己。对罪犯来说,如果不能准确认识自己,看不到自己的优点,觉得自己一无是处,处处不如别人,就会产生自卑心理,丧失信心,做事畏缩不前,失去改造动力。如果过高看待自己,就会骄傲自大,盲目乐观,身份角色错位,难以融入改造环境。

第一节 了解自我认知

著名哲学家梭罗曾经说过,一个人怎么看待自己,决定了此人的命运,指向了他的归宿。能够正确认知自我、分析自我、修正自我,是一个人成功生长、发展的重要前提。对罪犯来说,全面了解自己,并在认识自己的基础上,改掉自身缺点与不足,发挥自己更多的潜能和优势,接纳自我,完善自我,成就更好的自我,才能更好地度过服刑生涯。

一、自我认知的内涵

自我认知也就是自我意识,是指对自己身心的觉察。它包括自我观察和自我评价,是个体对自我的感知、思考、认识与评价等,是个体行动的基础与出发点,也是自我发展、自我建构的重要部分。自我观察是指对自己的感知、思维和意向等方面的觉察;自我评价是指对自己的想法、期望、行为及人格特征的判断与评估,这是自我调节的重要条件。

自我认知是人最基本的心理需求之一,满足了这一需求,我们就能以此为中心,以存在感和价值感为半径,画出自己生命的圆圈,并因此感到充实、快乐和幸福。相反,如果这一需求没有得到满足,我们的内心就失去了支撑点,没有存在感和价值感,生命也没有方向,很容易陷入自卑、孤独、迷茫、恐惧和痛苦之中。

哲学中有三个经典命题——"我是谁""我从哪里来""我要到哪里去"。千百年来,中外思想家一直苦苦反思这三大命题。对人的本源和自我认识的诉求,成为人类求知的原始动力,促使人类不断取得进步并推动人类社会不断向前发展。

1. 西方哲学中的"认识自己"。"认识你自己!"——这是铭刻在希腊圣城帕尔纳索斯山南坡德尔斐神殿上的著名箴言,希腊时期以及后来的哲学家多引用此句来规劝世人。对这句箴言可做三种理解:第一种理解为人要有自知之明。它传达了神明对人类的要求,就是人应该知道自己的限度。第二种理解是每个人身上都藏着世界的秘密,都可以通过认识自己来认识世界。第三种理解是每个人都是一个独一无二的个体,都应该认识自己独特的禀赋和价值,从而实现自我,真正成为自己。

认识你自己,就是要认清自己的能力,知道自己适合做什么,不适合做什么,长处是什么,短处是什么,从而做到自知,在社会中找到自己恰当的位置。

2. 中国传统文化中的"认识自己"。《道德经》第三十三章云:"知人者智,自知者明。胜人者有力,自胜者强。知足者富。强行者有志。不失其所者久,死而不亡者寿。"

此段意为能了解、认识别人叫作智慧,能认识、了解自己才算明道之人。能战胜别人是有力的,能克制自己的弱点才算刚强。知道满足的人是富有的人。坚持力行、努力不懈的就是有志之士。不离失本分的人就能长久不衰,身虽死而"道"仍在的,才算真正的长寿。

了解别人时,我们是旁观者,可以用一个公正、公平、冷静的目光审视、评价别人。而在看自己时往往会受自己的情绪、偏见等影响而无法认清自己,这就叫"旁观者清,当局者迷",所以老子说"知人者智"。要了解别人需要方式、方法,要有智慧的头脑;而要了解自己,还需要你的内心有足够的勇气来面对自己。只有真正地认识自己的缺点,并且敢于正视它,才能找到合理的解决方法。

3. 寓言故事里的"认识自己"。古刹里新来了一个小和尚,他积极主动地去见方丈,殷勤诚恳地说:"我新来乍到,先干些什么呢?请前辈吩咐和指教。"方丈微微一笑,对小和尚说:"你先认识、熟悉一下寺里众僧吧。"

第二天,小和尚又来见方丈,殷勤诚恳地说:"寺里的众僧我都认识了,下边该干什么了?"方丈微微一笑说:"肯定还有遗漏,接着去了解、去认识吧。"

三天过后,小和尚再次来见老方丈,挺有把握地说:"寺里的所有僧侣我都认识了,我想有事做。"方丈微微一笑,因势利导地说:"还有一个人,你没认识,而且,这个人对你特别重要。"小和尚满腹狐疑地走出方丈的禅房,一个人一个人地询问,一间屋一间屋地去寻找。在阳光里、在月光下,他一遍遍地琢磨,一遍遍地寻思。不知过了多少天,一头雾水的小和尚,偶然在一口水井里看到自己的倒影,他突然醒悟了,赶忙跑去见方丈。

所以,认识自己对每个人来说都非常重要,但认识自己从来都不是一件简单的事情,它需要从不同的角度、运用各种各样的办法,才能更好地实现,才能带给我们诸多益处。

二、自我认知的内容

自我认知即自己对自己的认识,具体包括认识自己的生理状况(如身高、体重、体态等)、心理特征(如兴趣、能力、气质、性格等)以及自己与他人的关系(如罪犯与警察、其他罪犯、亲属相处的关系,自己在集体中的位置与作用等)。一般影响罪犯服刑改造表现比较多的自我认知内容主要包括以下四个方面。

1. 价值观。价值观是指个人对客观事物及自己行为的意义、作用、效果和重要性的总体评价。价值观是人用于区分好坏、分辨是非及重要性的心理倾向体系。它反映人对客观事物的是非及重要性的评价。所以价值观决定人的自我认知,直接影响和决定一个人的理想、信念、生活目标和追求方向的性质。

2. **兴趣爱好**。兴趣是人对事物的特殊的认识倾向,该认识倾向是当个体的特定活动、事物以人的特征为对象时,所产生的情绪紧张状态,即满意的情绪色彩和向往心情。由于兴趣规定了个人积极探索事物的认识倾向,因而为行动和认知提供了动力,使其对感兴趣的事物优先注意,反映出独特的向往意识。这种认识倾向在比较稳定的条件下,持续很长时间时,方能构成人的兴趣。

3. **性格**。性格是个性心理即非智力因素的核心部分。它决定着个体活动的性质和方向,反映一个人独特的处事态度和行为方式,是一个人区别于他人最主要的标志。性格作为个性的核心部分,对生活有重要影响。发现自己性格的优缺点,并有针对性地进行训练,避免甚至改掉一些致命的缺点,就会使自我得到更好的塑造和发展。

4. **能力**。能力是素质的外在表现,它是多方面的,包括语言表达能力、阅读书写能力、人际交往能力、家庭责任能力、就业谋生能力、创业能力等。要根据自己的能力水平,判断自己能够承担的责任,选择自己喜爱并有可能做好的事情,这样做起来就会得心应手、满腔热情而乐此不疲,不仅能体验到愉快感、价值感,还能找到生活乃至生命的意义。

广义的自我意识不仅包含自我认识,还包含自我体验、自我调控。其中,自我认识是自我的认知成分,是主观自我对客观自我的认识与评价。自我认识使个人认识到自己的身心特点、自己和他人及自然界的关系。自我认识主要涉及"我是一个什么样的人""我为什么是这样的一个人"等问题。自我体验是自我的情绪成分，是主观的我对客观的我所持有的一种情绪体验，反映了主体我的需要与客观我的现实之间的关系。如自信、自卑、自尊、自满、内疚、羞耻等都是自我体验。自我体验往往与自我认知、自我评价有关，也和自己对社会的规范、价值标准的认识有关，良好的自我体验有助于自我调节的发展。自我体验主要涉及"我是否满意自己""我是否悦纳自己"等问题。自我调控是自我的意志成分，自我调控主要表现为个人对自己的行为、活动和态度的调控。它包括自我检查、自我监督、自我控制等。自我调控的实现是自我认知的能动性的表现，主要涉及"我怎样节制自己""我如何改变自己的现状，使我成为自己理想中那样的人"等问题。

自我认识、自我体验、自我调控，三者相辅相成。自我认识是基础，决定着自我体验的主导心境以及自我调控的主要内容；自我体验又强化着自我认识，决定了自我调控的行为力度；自我调控则是完善自我的实际途径，对自我认识、自我体验都有调节作用。三方面整合一致，便形成了完整的自我意识。

三、自我认知的形成与发展

每个人都是一个心灵画家，不过，这个画家的水平是逐渐提高的。每个人给自己的画像从无到有、从差到好，形成与发展大致经历三个阶段，即从生理自我到社会自我，最后到心理自我。

1. 生理自我。生理自我是自我认知的原始形态，主要是个体对自己的身体、健康状况、动作技能等方面的感受，包括身高、体重、视力、体力、相貌等可以量化或直观得到的指标。通俗地讲，就是个人对自身生理情况的认知程度。人们有时把生理自我发展阶段称为自我中心期,这种初级的形态是以自我感觉的形式表现出来的。生理自我始于出生8个月左右,3岁左右基本成熟。改造生活中,有的罪犯明明身体健康、四肢健全,但自认为体弱能力差,改造期间要么头疼,要么腿软,对改造活动逃避、抗拒,就是对生理自我不能正确认知的一种表现。

2. 社会自我。个体通过一定的学习教育,以及受到社会文化的影响,增强了社会意识,认识到自己是社会的一员,尽量使自己的行为符合社会的标准,这就叫作社会自我,是指一个人在与他人交往中感知到的他人对自己的一种看法以及自己的社会责任感。社会自我会影响一个人的人际关系以及在社会中的角色定位,进而影响人生的规划和发展。个人只有把自己融入社会环境才能有一定的发展,从而得到社会的认可。社会自我的发展大致从3岁到14岁,这个时期社会自我处于自我的中心,人们能了解社会对自己的期待,并根据社会期待调整自己的行动。

3. 心理自我。心理自我,又称精神自我,是指一个人对自己的价值观、性格、兴趣、情感、能力等心理特征的认识。这阶段需时10年左右,从14岁到成年,即大约从青春期到成年。这个时候,性意识觉醒,抽象思维能力和想象力大大提高,生理和心理在急剧发展变化的同时,促进了自我认知的成熟,开始进入心理自我的时期。心理自我是指个人逐渐脱离对成人的依赖,并从成人的保护、管制下独立出来,表现出自我认知的主动性与独立性,强调自我的价值与理想。这是自我认知发展的最后阶段。

生理自我、社会自我和心理自我是密切联系、相互影响的,从生理自我到心理自我,也就是个体的自我认知由低级向高级、由片面向全面、由依赖向独立的发展过程。当自我认知发展到心理自我阶段时,我们能够透过自我认知去认识外部世界,能知觉和调节自己的心理活动及其特征和状态,并根据社会需要和自身发展的要求调控自己的心理与行为,而且这样的自我认知过程将伴随我们的一生。

四、自我认知的意义

【心理故事】

一只山羊的故事

清晨,一只山羊在栅栏外徘徊,想吃栅栏内的白菜,可它进不去。太阳斜照,山羊看见了自己的影子,很长很长,想:"我如此高大,一定能吃到树上的果子,不吃这白菜又何妨?"

于是它奔向很远处的一片果园。到达果园,已是正午,太阳照在头上,这时,山羊的影子变成了很小很小的一团。

"唉,我这样矮小,是吃不到树上的果子的,还是回去吃白菜吧。"于是,它又往回奔跑。跑到栅栏外时,太阳已偏西,它的影子重新变得很长很长。

"我干吗回来呢?"山羊很惊讶,"凭我这么高大的个子,吃树上的果子是一点也不费劲的!"于是山羊又返了回去。此时,黑夜来临……

山羊从白天到晚上,就是因为自己影子的忽长忽短,对自己的定位忽高忽低。影子长的时候它觉得自己能力很强,吃树上的果子轻而易举；影子短了之后，又觉得自己是吃不到的。它对自己没有正确的认识，它只看这个影子，完全依据外界的评价对自己进行判断，内心对自己没有一个明确的、固定的认识，即山羊对自己没有正确的定位，所以它始终无法达成自己的目标。对罪犯来说，准确的自我认知同样有重要意义。

1. 激发改造动力。服刑时期是重塑罪犯自我认知的关键时期。罪犯自我认知的发展水平直接影响其改造生活方式的选择以及个人回归后的发展。认识自己，并不容易。当前在罪犯中存在一些缺乏自我认知的现象。许多罪犯在改造中处于目标模糊、迷茫失落的状态，在改造生活的各项活动中缺乏活力和动力。这一切，最终源于对自己的认识不够，不知道"我是谁"，不知道"我"要做什么，该做什么。

2. 明确改造方向。"尺有所短，寸有所长。"每个人都有别人无法比拟的长处，也有自我难以克服的缺点。个体必须结合自身的特点，了解自己的能力大小，明确自己的优势和劣势，根据过去的经验选择、推断未来可能的改造方向，从而彻底解决"我能干什么"的问题。因此，认识自我是罪犯改造活动中最重要的第一步。只有真正深入地了解自我，才能选择正确的改造方向，进而在个人的生活和发展中改变恶习，取得进步。罪犯如果能够进一步认识自我，挖掘长处，找出不足，就可以更加理智、更加科学地找到自己未来人生的方向。

3. 实现改造目标。罪犯自我认知模糊，对自己认识不清，完全依据外界的评价来判断自我，时而骄傲自大，时而自暴自弃，都会让自己的改造之路充满波折。改造活动中，如果罪犯对自己的主观评价与外界对自己的客观评价趋于一致,他就可以顺利完成改造任务,实现改造目标;如果主观评价高于客观评价,往往会导致碰壁、挫折和失败;如果主观评价低于客观评价,就会信心不足、犹豫不决,错失改变成长的机会。

第二节　自我认知偏差

只有客观公正地认识和评价自己的外貌生理状况、个性能力特点、社会人际关系等,才能够在服刑改造生活中形成正确的自我认知。正确的自我认知有利于罪犯适应改造生活。但是,许多罪犯存在自我认知的偏差:或骄傲自大、唯我独尊;或自我否定、自我怀疑甚至自暴自弃。这些自我认知偏差都会对罪犯的平稳改造产生不利影响。

一、罪犯的自我认知偏差

罪犯的自我认知偏差是指罪犯在对自我认识和判断时,出现了偏离自身实际、标准状态的倾向和趋势,是一种自我认知的局限。

对于同样的改造情境,不同的自我认知会产生不同的适应反应。不同的适应反应引发罪犯呈现各种不同程度的心理问题,具体表现为焦躁、忧虑、烦恼、困惑、恐慌、紧张等。服刑过程中各种心理问题的出现与罪犯的自我认知有极大的关系。罪犯如果有正确的自我认知,对自己有较好的定位,就能够相对平稳地应对改造生活中出现的各种挑战,实现高质量的改造。而如果出现自我认知偏差,就会使自己在处理人际关系、面对日常改造任务时处于盲从或盲目的状态,容易导致自己难以适应改造环境、难以实现改造目标,甚至出现各种心理问题。

二、罪犯自我认知偏差的表现

许多罪犯存在自我认知偏差,改造中不能很好地定位自己——有的骄傲自大,有的自卑心理严重。这些都对罪犯的正常改造造成不良影响。罪犯自我认知偏差常见的主要有以下四种类型。

1. 自我贬损型。 指自己对自己的评价过低,这种消极的情感体验,会使个体不能客观公正地看待自己。由于累积的失败与挫折,有的罪犯对自我的评价较低,时常伴有缺乏价值感、缺少信心、自我排斥、自我否定的心理。拥有这种心理的人遇事总会胆怯、心虚、逃避、退缩,没有主见。他们不但不接纳自己,甚至自我拒绝,自我放弃,表现为没有朝气,随波逐流,缺少激情,生活没有目标,其结果是更加自卑,从而失去改造的动力。

【案例】
　　罪犯赵某出生不久,母亲便离家出走。从小她就生活在单亲家庭,缺乏母爱,养成了叛逆、孤僻、自卑的性格。

> 2016年5月,赵某因故意伤害罪被判处有期徒刑16年,2017年8月入狱服刑。新犯集训下队后,监区考虑到她是中专毕业,有文化,头脑又灵活,就安排她在分包岗位上改造,赵某对此也感到庆幸,决心一定要把自己的能力好好发挥出来。
>
> 但是,赵某的兴奋劲并没有延续多久,她就感觉越来越糟糕了。先是生产技能课感觉老是听不懂,劳动方面动手能力也比较差,其他罪犯很快熟练掌握的技能她却很难上手,而许多她知道的事情分享出来时大家却又觉得好笑。感到孤独无比的赵某,觉得自己是最糟糕的罪犯。
>
> 监区警察为帮助其摆脱孤独自卑,尽快适应集体生活,鼓励她参加监区的读书分享会、团体心理辅导等活动。在活动中赵某逐渐找到自信,认识到自己在知识储备及分享方面的优势,主动积极请示发挥专长担任文化教员。在担任文化教员期间,赵某积极协助警察做好教学工作,得到了警察的信任和肯定。
>
> 如今的她认真参加文化教育和兴趣学习,熟练掌握劳动技能,取得了较好的改造成绩,先后取得4门自学考试单科合格证书。赵某因为对自我有了正确的认知,为自己明确了切实可行的改造目标,改造逐渐走上正轨。现在的她在新生的路上奋力奔跑。

案例中的赵某由于入监阶段的不适应,就对自己全盘否定,即使遇到自己原本能够胜任的任务,也不敢积极争取,无法正常完成,时间久了,便会出现沮丧、孤寂、失眠等心理问题。本来经过努力可以实现的改造目标,在自我贬损心理的驱使下,也无法达成。因此,不能因为一次错误、一个缺点就认为自己一无是处。只有全面、客观、准确地认识自己,只有对自己有个正确的定位,服刑之路才可能走得顺利平稳。

2. **自我夸大型**。指过高地估计自己的能力,这是自我认知不够成熟的一种表现。自我夸大型的人对自我的评价非常高,往往脱离客观实际,常常以理想自我代替现实自我,盲目自尊,虚荣心强,心理防御意识强。他们往往缺乏自知之明,以为自己对而别人错,把自己的意志强加给别人,不能与人和睦相处;要么表现为缺乏理智,情绪冲动,忘记现实自我而沉浸于虚无缥缈的自我设计中;要么自吹自擂,自我陶醉,却不去为实现自我做出努力。由于自我认知不正确,自我夸大型的人徒有不切实际的自我定位,却缺乏实现理想自我的手段。当现实情境与内心期待之间产生较大落差时,就会产生抑郁、烦躁、失落等各种心理问题。因此,自我夸大型的罪犯要理性看待自己的优势特点,吸取过往经验教训,了解外界评价,多与他人沟通,以帮助自己形成合理定位,选择恰当的目标。

3. **自我冲突型**。表现为自我认知或高或低,自我体验或好或坏,自我控制时强时弱,心理发展极不平衡。有时显得自信而成熟,有时又表现出自卑而不成熟,让人无法评估。自我冲突的人表现为两种类型:自我矛盾型与自我萎缩型。自我矛盾型的罪犯内心冲突激烈、持续时间长,自我认识、自我体验、自我控制不稳定。例如,有的罪犯有时表现得很自信,有时又很自卑;有时候看起来很诚实,有时候却又谎话连篇;有时好像性格孤僻,有时又显得善于交际。自我萎缩型的罪犯缺乏理想自我,但又对现实自我深感不满,他们消极放任、自怨自艾,甚至麻木、自卑,以至于越来越消沉,对自己丧失信心,严重的还可能导致精神分裂症或绝望轻生。因此,自我冲突的罪犯要逐渐调整自己的自我认知,客观认识自己与他人,客观看待成功与挫折,这样才能使自我意识在良性轨道上循环。

4. 自我迷茫型。虽然罪犯身处高墙中,但仍有许多人心怀梦想,期待出狱后的重生。他们成功欲望强烈,为自己设定了一个美丽的"理想我",也对服刑生活进行了理想化的设定。但当他们真正进入服刑生活后,现实与心中的设定形成了巨大的反差,使得他们出现了"理想真空带"与"动力缓冲带",一时间找不到自己的定位。对理想自我的渴望与对现实自我的不满构成了这一时期罪犯自我认知迷茫的来源,这时的他们会不知道自己在现实中的位置,不知道到底该怎样定位自己,甚至会怀疑自己原来的积极自我评价和美好理想。当"现实我"距离"理想我"太过遥远时,罪犯会产生各种各样的心理不适,变得消极无为,无所事事,缺乏动力。对于自我迷茫型的罪犯来说,要合理调整预期,先从自己能够实现的小目标做起,相信通过努力获取的改造成绩会成为他拨开迷雾的导航灯塔。

三、自我认知偏差的原因

罪犯在认识和判断自我时,与事实本身、标准规则之间会产生某种差别和偏离,或偏离的倾向和趋势,从而出现自我认知偏差。造成这种偏差出现不仅有罪犯个体内部的原因,也有外部的影响作用。

1. 错误的内化。导致罪犯自我认知出现偏差可能源于错误内化的内容。年幼时被他人特别是父母对待的方式，会影响个体成年后如何对待自己。当一个人总是被父母很严厉地批评、否定，长此以往将这种声音"内化"的结果就是个体习得憎恨自己，经常性地自责，总是对自己不满意。内在父母的声音是严厉的、苛刻的，这也说明了个体为什么会对自己苛刻。有的罪犯特别在意别人的批评，因为别人还没有批评他的时候，他的内在父母已经在喋喋不休了，所以别人一说什么，他内在的声音马上就会说："对！是啊！我就是这样糟糕……"这样就会形成自我贬损型的错误认知。有的罪犯的内在声音这个时候还可能会跳出来说："不对！不对！这些人都是坏人，他们胡说。去骂他们，让他们好看，知道你不是好惹的。"如果罪犯习惯听从内在的声音去应对问题的话，他的人际关系一定很糟糕，表现得很不成熟，性格不稳定。这样一来，他的自我感觉就更糟了。

每一个人的内在其实都有好几种声音，大致可以归纳为三种：内在父母、内在小孩以及内在成人。存在错误内化的罪犯应该要做的，是去培养、聆听内在成人的声音，把这个内在成人的音量"调大"，在必要时让"他"出来为自己说话。

2. 外在的影响。导致自我认知偏差的第二个原因可能是成长过程中外界的负面影响。有的罪犯从小的生长环境、所受到的教育，在他们的身体、思想、情绪以及对外在世界的认同的各个层面上，制造了许多的创伤，这让他们始终感受到的是自己的缺点与不足。他们看到的自我标签多是"懒惰的、自私的、无用的、无价值的"等等负面评价。在意识的层面，他们会否认这些标签。然而他人为其贴上的所有"标签",都会烙印在其内心的潜意识层面。

这种烙印在内心的负性标签,会让人看不见自己内在的真我。所以,罪犯应该正确认识和看待自己的负性标签,把获取负性标签的经验回忆提取出来,也就是将其带到意识表层,并将标签内容与自己的本质进行区分。"看见"问题和"接纳"自己,就能够减少外界影响导致的自我认知偏差。

3. 关注目标的错位。 对消极负面特质的过度关注有时也会导致自我认知的偏差。完美人格是不存在的,每个人都有自己的缺点和不足。如果一味地关注或者回避消极负面特质,就会影响到全面认识自我,导致自我认知偏差。客观看待缺点和不足,经由看见、接受、坦承自身的恶,才会认识、体会、活出自己的善。

当然,罪犯要实现由关注外在到关注内在的转变,并不容易。因为大多数罪犯总是习惯把眼光向外看,关注外在发生的事情。把注意力放在自己的身上,可以从关注手臂的姿势、臀部接触椅子的感受,甚至最简单地关注自己的呼吸等方面入手。当因自我认知产生自卑、羞愧等负面情绪时,要立刻提醒自己把注意力拉回到内在的感受上,并通过不断练习,逐渐实现由量变到质变的转变。

4. 认知习惯的扭曲。 自身传递信息的处理习惯对自我认知尤其重要。例如,遇到阴雨天,有的人可能会给自己传递消极的信息,也有人可能会给自己传递积极的信息。自我认知扭曲的人即使取得了成绩,也会认为自己凭借的是侥幸,靠的是运气,而当他们真的犯了错误和遭遇失败时,又会认为自己就是一个一无是处的人。扭曲的认知会让罪犯对改造中发生的一切事情都用自卑的灰色来涂抹和解读。

如果能够辨识、摸索和评价这些信息,罪犯就能学会与自己正确沟通的方法,提高自我认知度。随着辨别是非能力的增强,罪犯应该深入内心,学会与自己沟通,纠正扭曲化的自我认知习惯,在取得成绩时学会激励自己、肯定自己,让人生变得明亮、充实起来。

第三节　学会自我认知

柏拉图曾说:"最先和最后的胜利是征服自我,只有科学地认识自我,正确地设计自我,严格地管理自我,才能站在历史潮头开创崭新的人生。"每一个罪犯都希望能够通过改造重获新生,然而很多人却因找不到改变自己的方法,只是混刑度日,结果难免重蹈覆辙。其实,每一个人身上都有一定的潜能,引导罪犯学会正确地自我认知,保持积极阳光的心态,发挥自身隐藏着的潜能,就可以给他们的人生注入更多的希望,埋下新生的种子。

一、了解正确自我认知的方法

【心理故事】

卖木材的青年

有一个富家青年去闯天下。他来到热带雨林中找到了一种树木,这种树木高达十余米,在一大片雨林中只有一两株。青年觉得这种树木木质不错而且稀有,就准备砍去贩卖。这种树木被砍下之后,外层腐烂后留下木头呈黑色的部分,会散发出无比香气,而且放在水中也不像其他树木那样浮在水面上,而是沉到水底。青年把这带有香味的树木运到市场出售,可是没人买,倒是旁边卖木炭的小贩生意很火。日子一天天过去,青年的树仍无人问津。他想:大概我的树真的不及那人的炭吧。于是他把香树烧成炭挑到市场上去卖,结果一会儿就卖光了。青年很得意地回家告诉了老父,老父听了,忍不住落下泪来。原来青年烧成木炭的香树,正是世上最珍贵的树木——沉香。只要一小块,它的价值就会超过一车木炭。

上面故事中的青年没有充分认识到自己所拥有的东西,而只看到表面现象。其实在改造生活中,许多罪犯也会像这位青年一样,手里有"沉香"却不知道它的珍贵,一味去羡慕、模仿别人的木炭,却丢弃了自己的珍宝。想要更好地认识自己,罪犯可以通过下面几种办法来实现。

1. 反思内省法。《论语》中有"吾日三省吾身"的要求。了解自己最重要的是时时刻刻不忘自我反省,随时检视自己的行为举止与内在思维,这是一种个体直接认识自己的方法。个体既是心理活动的主体,又是心理活动的对象,要经常对自己的心理、行为进行剖析,使自我评价逐步接近客观实际。通过内省可以了解到自己的智力、情绪、意志、能力、气质、性格和身体条件等特点。内省也是自我意识形成的重要途径之一。罪犯在认识自我的过程中,一定要注意客观、全面、辩证地看待自己,形成正确的自我意识,真正地了解自己,并以此来选择适合自己的改造道路。

2. 观察比照法。有比较才有鉴别。事实上，人们往往是通过与别人的比较来认识自己的。罪犯进行观察比照实践时，不仅应与他人比改造成绩，更应注重对实际改造表现、个人能力等方面进行比较。通过比较，可以认识自己的长处与不足，认清自己在相比较的人群中所处的位置。更可以向身边表现好的罪犯学习，观察他们做得比较好的一些方面，来对自己做进一步的完善，从而扬长避短。古语云："以人为鉴，可以明得失。"一个人对自己的认识难免有偏差，因此有必要根据外界的参照来认识自己。

3. 评价评判法。除了自我观察，我们还可以通过外界他人的评判评价来对自己增进认识。一般来说，当局者迷，旁观者清，周围的人对我们的态度和评价能帮助我们认识自己、了解自己。我们要尊重他人的态度与评价，冷静地分析，比如可以请教警察，或者申请心理咨询，还可以和身边的其他罪犯进行交流。这些长期学习、生活在一起的人把自己的言行看在眼里，印象很深，对自己的评价会更公正、更客观。这些从外界获取的评价都可以帮助自己更完整地认识自我。

4. 橱窗分析法。橱窗分析法是自我认知的重要方法之一。心理学家把对个人的了解比成一个橱窗。为了便于理解，可以把橱窗放在一个直角坐标系中加以分析。横轴的正向表示别人知道，负向表示别人不知道；纵轴的正向表示自己知道，负向表示自己不知道。这样得来的自我分析情况如下（见下图）：

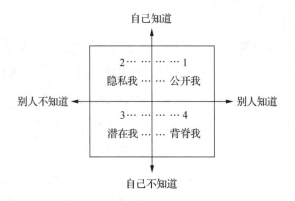

　　自己知道、别人也知道的部分称为"公开我",属于个人展现在外、无所隐藏的部分。对初次交往的朋友而言,这个区域就可能很小;对于自己的父母,这个区域就可能变得很大。这个区域的大小视对方对你了解的多寡而异。

　　自己知道、别人不知道的部分称为"隐私我",属于个人内在的私有秘密部分。我们自己的秘密、弱点都不愿让别人知道,因为暴露这个部分可能使自己受到伤害或鄙视,唯有当我们很信任对方不会出卖、伤害自己的时候,我们才会开放自己的隐私区。所以,这个区域的大小视个人对他人的信任程度而定,面对愈能信任的人,我们的隐藏区就愈小。

　　自己不知道、别人也不知道的部分称为"潜在我",是有待开发的部分。这个区域有多大是个未知数。经过自己的省思和经历的特殊的际遇,我们可能会有所顿悟,发现自己的潜能或潜藏的一些特质;有些部分需要通过心理咨询、测验工具来开发;有些部分可能是永远都不会察觉的。

　　自己不知道、别人知道的部分称为"背脊我",也就是所谓的个人盲点,通常是自己不自觉的瑕疵或怪癖、坏习惯等缺点。有自知之明、常常自我反省的人，这个区域比较小。虚心接受他人指点是缩小盲目区的有效途径。

在进行自我分析的时候，重点是了解"潜在我"和"背脊我"这两部分。"潜在我"是影响一个人未来发展的重要因素，因为每个人都有巨大的潜能。许多研究表明，人类平常只发挥了极小部分的大脑功能，一个人如果能够发挥一半的大脑功能，将能轻易地学会 40 多种语言，背诵整套百科全书。著名心理学家奥托指出："在正常情况下，一个人所发挥出来的能力，只占他全部能力的 4%。"控制论的奠基人维纳指出："可以有把握地说，即使是做出了辉煌成就的人，在他的一生中利用他自己的大脑潜能还不到百亿分之一。"由此可见，认识与了解"潜在我"，是自我认识的重要内容之一。"背脊我"是准确对自己进行评价的重要方面，如果你诚恳地、真心实意地对待他人的意见和看法，就不难了解"背脊我"。当然，这需要开阔的胸怀、正确的态度和有则改之、无则加勉的精神，否则，就很难听到别人的真实评价。

5. 专业测试法。 专业测试法是通过回答有关问题来认识自己、了解自己。这是一种比较简洁、经济的自我分析法。测试题目由心理学家经过精心研究设定，只要如实回答，就能在相当程度上了解自己的有关情况。在回答问题时，切忌寻找标准答案，而应该是自己怎么想、怎么认识就怎么回答，这样的测试才有实际意义。

专业测试的内容和量表很多，包括方方面面，如性格测试、情绪测试、智力测试、技能测试、记忆力测试、创造力测试、观察力测试、应变能力测试、想象力测试、管理能力测试、人际关系测试、行动能力测试等。罪犯只要表达出想要测试的意愿，监狱的心理咨询师会根据他的情况安排进行相应的测试。

【知识链接】

自尊量表(SES)

一、题目

指导语:这个量表是用来了解您是怎样看待自己的。请仔细阅读下面的句子,选择最符合您情况的选项。请注意,这里要回答的是您实际上认为您自己怎样,而不是回答您认为您应该怎样。答案无正确与错误或好与坏之分,请按照您的真实情况来描述您自己。您的回答绝对不会向外泄露,因此您完全不必要有这方面的顾虑。请您注意保证每个问题都做了回答,且只选一个答案。谢谢您的合作!

	非常符合	符合	不符合	很不符合
1. 我感到我是一个有价值的人,至少与其他人在同一水平上。	4	3	2	1
2. 我感到我有许多好的品质。	4	3	2	1
3. 归根结底,我倾向于觉得自己是一个失败者。	1	2	3	4
4. 我能像大多数人一样把事情做好。	4	3	2	1
5. 我感到自己值得自豪的地方不多。	1	2	3	4
6. 我对自己持肯定态度。	4	3	2	1
7. 总的来说,我对自己是满意的。	4	3	2	1
8. 我希望我能为自己赢得更多尊重。	4	3	2	1
9. 我确实时常感到自己毫无用处。	1	2	3	4
10. 我时常认为自己一无是处。	1	2	3	4

二、评分标准

自尊量表（SES）用以评定个体关于自我价值和自我接纳的总体感受。该量表由10个条目组成，总分范围是10～40分，分值越高，自尊程度越高。

综合运用以上方法，可以帮助罪犯清晰、客观、全面、深刻地认识自我。当理想我与现实我趋于统一、主观我与他观我趋于一致时，对自我的认识会更加深刻、客观、理性。

二、保持积极阳光的心态

自我认识是基础，它决定了自我体验的主导心境。而自我体验又强化着自我认识。罪犯学会正确认知自我，将减少自卑、自满等负性自我体验，增加自信、自尊等正性自我体验，即更多地保持积极阳光的心态。同时，积极阳光的心态也将进一步强化罪犯的良好自我认识。因此，掌握以下阳光心态的法宝对罪犯更好地形成自我认知至关重要。

1. 培养顽强的意志力。"我经常萌生一些美妙的想法，但我发现这些想法只是一闪而过，并不能改变自己，这是为什么呢？"有的罪犯很是不理解。想法就像掉落到流水中的落叶，很快就被冲走了，光想一次不行，要反复回想自己的想法，不断地告诉自己，让这种想法形成信念，当它形成信念时，自己就会按着想法行动了。改变一个人最首要的是改变他的信念，信念改变，才会发生行为上的改变。罪犯要想形成信念，就需要对自己反复进行暗示，反复地对潜意识发号施令，这样才能够快速培养信心。可以这样自我暗示："不管在任何环境中，都能保持自信，都会坚持信念；永远不会向困难低头，不会向命运屈服;相信自身的力量,自身的力量无比强大;无论何时,都不能怀疑自己。"暗示,是自觉培养信念的最有效的方法。有了坚定的信念,人就会有行动的欲望和勇气,逐渐形成顽强的意志力。

2. 树立可行的目标。很多罪犯都说,服刑生活哪有什么快乐可言,哪有什么意义,那是因为他们丧失了人生目标。那么,什么才是罪犯的人生目标?

首先要观察内心真正想要什么,想得到什么,然后把想要的东西列出来,不能光在脑子里想,要把它们写出来,看着它们,然后把这些想要的东西印在自己的脑海中,不然很快就会忘记自己的人生目标。罪犯可以给自己制定好目标,如果大目标看起来很遥远,可以把它分解成一个一个小目标,达成期限可以是未来几个月。同时找到实现各个分解目标的步骤和方法。这个过程必须认真对待,一点也不能马虎,就像建造大楼前绘的图纸,没有图纸去建造大楼,就会绕很多弯路,做许许多多的无用功。要知道,计划和框架是至关重要的一步。设定目标之后,不能袖手等待,要马上实施。每天完成多少要按计划执行,对照完成任务,这就是明晰的路径。人们往往不是不会做,而是不知道怎样做。解决怎样做的问题,就是计划达成目标的路径问题,路径明确了,就很容易上路。设定路径之后,要确定每天走完多少路,如果不设定时间,目标的实现就会变得遥遥无期,你对自己也就越来越没有信心。而当小目标逐一实现的时候,获得的成就感会让你对自己产生更多积极正面的认知。

3. 克服挫折的心理定式。生活往往充满坎坷,不会一帆风顺。对罪犯来说,服刑经历本身就是一个重大挫折。经不起挫折、存在挫折心理定式的人会因为挫折经历的负面感受出现自我否定、挫败感的惯性思维，活得很累，很委屈，很脆弱，痛苦不堪。他们只要遇到挫折，就会感到看不到未来的希望和光明的前途，而在绝望中苟且偷生。那么，如何才能使他们的心灵变得更为强大呢？

克服自我挫败的心理定式，需要我们认识自己原本聪明、健康等积极的特质，感受精神层面的富足。只有精神的富足，才能使心灵强大起来。遇到挫折时的不快乐是因为你的思想在阻碍快乐向你走来。你觉得自己不聪明，是因为你的思想在阻碍着你收获智慧。实际上只要你感觉你是聪明、健康的，你就能把聪明、健康吸引过来。如果你进入了一种自我挫败的心理定式，只要遭受挫折，就会觉得自己一无是处。其实，你的生活遭遇挫折，可能并不完全是因为你的问题，只要你重新调整，你仍然可以去创造未来美满的生活。要相信，放下过去，专注当下，重新开始，你可以创造新生活。

三、改变自我　开拓未来

1. 肯定自己。 苏格拉底说：每个人身上都有太阳，重要的是如何让它发光。人生道路本来就充满苦难，如果这时候自己再和自己的缺点、过错过不去，那么生活一定会变得更糟。生活中，很多人总是对自己很挑剔，而且对自己的评价总是负面多于正面，不是这不好，就是那不如别人，而且还常常设想别人也是这样看待自己的。实际上每个人都有自己的优点。比如，长相丑陋的人或许有一颗宽容的心；事业不太成功的人，或许孝敬长辈，热心公益；学历不高、身份低微的人，或许个性谦虚，工作积极努力。世上不存在十全十美、毫无缺点的人。一个人的好与坏、优与劣全在于自己对自己的期许及评定。你如果感觉自己很差,你就真的很差,长此以往只会丧失积极进取的信心。而肯定自己,会产生自爱和自信,能够帮助我们化解生活中的矛盾,克服生活中的挫折,突破人生中的障碍,最终获得幸福和成功。

在认识你自己的时候,试着列出自己的优点,并为自己具有这些优点而欢呼雀跃。你踏实吗?你乐观吗?你乐于助人吗?你勇于接受考验吗?你热爱所处的世界吗?同时列出自己的缺点,再以乐观的心态改正它们。这样,你就会精神振奋,积极地度过改造生活的每一天,你的人生也会更具光彩!

2. 珍惜当下。人这一辈子,可能觉得活得很累,无论男女,从你到世界的那一刻起,你注定要度过你漫长的人生,经历无数的磨难。走在人生的旅途中,会遇见各种人,有朋友,有敌人,有知己,有爱人。人生短短几十年,最多也就是 40 000 天而已。等你终老的时刻,一切都归于尘土,什么都无法带走。人生最需要珍惜的时刻,无非就是天真的童年、激情的青年、享乐的中年、天伦的老年,能完全掌握在自己手中的日子,也就短短的几十年。从你懂事开始,你就要经历拼搏,打拼人生,后面的路才能走好。

没有一个人,能够一辈子享受幸福快乐。只有经历过,才会懂得;只有痛苦过,才知道心痛的感觉;只有付出了,才能获得回报;只有辛苦过,才知道快乐其实是那么不易;只有失败过,才知道成功是那么艰难。人生在世都不容易,懂得珍惜该珍惜的一切,懂得放弃应该放弃的一切,懂得把握应该把握的一切,懂得享受应该享受的一切,让自己这辈子,过得充实、快乐、健康。

对罪犯来说,可能服刑生活是难堪的、痛苦的,但人生短短几十年,哭也一天,笑也一天,只要是属于自己的人生都是值得珍惜的。时间很快就过去了,不要错过后,再来后悔;不要失去后,才知道要珍惜;不要让自己的一生,过得充满遗憾!把握今生,不要期待来世。后悔无用,活得充实,人生才不会留下遗憾。想想,不管昨天、今天、明天,能豁然开朗,就是美好的一天。

总有风起的清晨,总有绚烂的黄昏,总有流星的夜晚。人生就像一张有去无回的单程车票,没有彩排,每一场都是现场直播。把握好每次"演出",便是对人生最好的珍惜。把握现在,畅享人生!

3. 开发潜能。潜能也就是人类原本具备却忘了使用的能力,如果将人类的整个意识比喻成一座冰山的话,百分之九十五的隐藏在冰山底下的意识就属于潜能。每个人都有巨大的潜能,每个人的潜能和优势各不相同,人生的辉煌莫过于最大程度地发挥自己的潜能;一个人如果按照自己的潜能优势来确定发展方向的话,最容易取得成功,最容易实现自我价值,最容易感受到人生的幸福和满足,对社会的贡献也最大。

【案例】

邓亚萍的故事

世界冠军邓亚萍,因为受身为体育教练的父亲的影响,从小就酷爱打乒乓球,她的梦想是成为世界冠军。但她却曾因为身材矮小、手腿粗短,而被国家队拒之门外。不过她并没有气馁,而是充分利用自己身材矮小的特点,勤学苦练,腿肿了,手掌磨破了,但她从不叫苦,不喊累,10岁的她便在全国少年乒乓球比赛中获得团体和单打两项冠军。被选入国家队后,邓亚萍也都是超额完成自己的训练任务,队里规定下午训练到6点,她就练到7点或8点,封闭训练规定练到晚上9点,她就练到11点。每一节训练课下来,汗水都湿透了她的衣服、鞋袜，有时甚至连地板也会浸湿一片，邓亚萍不得不换衣服、鞋袜，甚至换球台再继续练……最终邓亚萍形成了以"快""怪""狠"为特点的球技，以持之以恒的努力，催开了梦想的花蕾——她如愿以偿站上了世界冠军的领奖台。在她的运动生涯中，她总共夺得了18枚世界冠军奖牌。

邓亚萍的成功经验给人以启发，她准确认识自己身上的优点和潜力，积极接纳了自己的缺点和不足，充分地接受了自己，极大地发挥了自己的潜能。

具有积极的自我认知不仅可以了解自己的长处与优势，进一步开发自身潜能，也可以帮助自己更好地了解自己的不足与劣势，从而能够分析哪些目标是自己通过努力可以达到的，哪些目标是属于无法企及的，在此基础上才能更好地找到自己人生的目标和方向，帮助自己向着理想迈进。

总之，罪犯在改造中一定不要忘记充分认识自己，给自己准确定位，无论别人在追逐什么，只要清楚自己想要的，在不影响他人的情况下做自己，才能活出人生真正的色彩。不要让自己活在别人的眼光里，也不要觉得别人的嘴巴才能证明你。看到自己的需要，尊重自己的感受，定义自己的人生。请击碎所有蒙蔽双眼的虚假美好，克服内在的虚荣、脆弱、自恋和自卑，直视内心那可能还不成熟的、真实的自我，了解它，接纳它，强壮它。认识你自己，你就会发现更大的世界。

【学、思、写】

1. 什么是自我认知？
2. 罪犯有哪些常见的自我认知偏差？
3. 写一个有关"认识你自己"的故事（800字左右）。

导读：人在生活中随时随地都可能产生情绪困扰，罪犯处在监禁环境中更是如此。所以，了解自己的情绪，学会调整情绪，掌握不良情绪处理的方法，将有助于提高自己的身心健康水平，控制自己的不良情绪，平稳心态，促进改造顺利进行。

第四单元 管住自己情绪

第一节 了解自己情绪

人们在金榜题名、洞房花烛时,会非常开心;遭遇重大创伤变故时,会痛苦难过、悲伤失落;遇到不公平待遇时,会愤愤不平。这种伴随人的生理活动、意识活动和组织活动而产生的喜、怒、哀、乐等复杂现象都属于人的一种情绪反应。情绪对人的行为具有重要的影响作用,正确认识并把握情绪,有助于更好地调节自己,让自己保持一个健康的心理并做出适宜的行为。

一、情绪的基本概念

情绪是人的心理活动的一个重要方面,它产生于认识和活动的过程,并影响着认识和活动的进行。

1. 什么是情绪。在我国古代,"情"是指喜、怒、哀、乐的心情;"绪"是丝的头,表示感情多端,如丝如绪。心理学家认为,情绪是人对客观事物的态度体验及相应的行为反应,是以个体的愿望和需要为中介的一种行为反应。

情绪不会无缘无故地产生,它是由一定的刺激引起的。刺激按来源可以分为外部刺激和内部刺激。外部刺激指的是来自个体外部的刺激。如说话声、哭声、和煦的阳光、拥挤的地铁、喧闹的大街等,都会引起人不同的情绪。内部刺激指的是来自个体内部的刺激。有些是生理性的,如身体的疾病、激素的异常分泌等;有些则是心理性的,如记忆、想象等认知活动:都会引起人各种不同的情绪体验。

2. 情绪的表现。人在产生情绪反应时,往往会伴随着一系列生理活动反应过程,如害羞时满脸通红,激动时血压升高,紧张时心跳加快,恐惧时浑身发抖等。在情绪状态发生时,人们还会出现一定的外在表现,通常称之为表情,它包括面部表情、姿态表情、语调表情。三者分别通过面部肌肉变化,身体姿态和言语的声调、节奏及速度等方面来表达和传递情绪。比如紧张时手足无措、坐立不安;恐惧时全身发抖、动作僵硬;悲伤时痛哭流涕、垂头丧气;激动时手舞足蹈、面红耳赤;愤怒时咬牙切齿、昂首顿足;高兴时开怀大笑、眉飞色舞。

3. 情绪对人的影响。情绪影响着个体生存和发展的各个领域。我们无法想象生活中没有情绪的状态,我们可能因为无法体验恐惧而忽视危险的到来;也会因为不再拥有快乐,而失去生活的激情。长寿学者胡夫兰认为,在一切对人不利的影响中,最能使人寿命缩短的就要算不愉快的情绪和恶劣的心境了。所以情绪对于人的生活具有重要的影响。

按照通常的说法，情绪可分为正性情绪和负性情绪。例如，勇敢、自信、乐观、愉快等为正性情绪，这些情绪就像发电机，可以源源不断地产生能量，来推动人的各种活动；羞愧、怨恨、忧郁、痛苦等被称为负性情绪，这些情绪一般都阻止或干扰正在进行的活动，它们是损耗性情绪，也是消极情绪。负性情绪不仅影响人的心情，而且影响人的身体健康。经常持久地出现负性情绪所引起的长期过度的神经系统紧张，往往会导致人的神经系统功能紊乱、内分泌失调、免疫功能下降等，就会出现所谓的心身疾病，即长期的不良情绪导致的身体疾病，如高血压、糖尿病、心绞痛、偏头痛等。

二、情绪的基本类型

情绪是由多种成分组成的复杂的结构。情绪的类型有很多，《中庸》将情绪概括为"喜、怒、哀、乐"四种。《礼记》则把情绪分为"七情"即"喜、怒、哀、惧、爱、恶、欲"。《黄帝内经》把"七情"定为"喜、怒、忧、思、悲、恐、惊"。心理学家认为快乐、愤怒、恐惧、悲伤是最基本和最原始的情绪类型。人的其他情绪都是由这四种基本情绪演变而来。

1. 快乐。快乐是盼望的目的达到，紧张解除后随之而来的情绪体验。快乐是一种在主观上安乐的状态，平衡而满足的内在感受。当人们快乐的时候，对自己的工作、生活都充满了热情，能在自己度过的每一天中感受到愉悦和满足。快乐可以在完成建设性、有意义的活动中产生，也可以在良好的人际关系中产生。

2. 愤怒。愤怒是人的目标不能实现或者人的行为受挫而引起的一种紧张不愉快的情绪体验。强烈的愤怒甚至会导致心脏骤停而危及生命。《三国演义》中孔明三气周瑜而致瑜死，就是一个这样的例子。压抑愤怒或无节制地发泄愤怒都会伤害自己。恰当而有所控制地表达愤怒有利于健康，它可以帮助人们调动身体的能量，集中注意力，忽视干扰，付诸行动以应对人们所不愿意接受的状况。

3. 恐惧。恐惧是人们在面临某种危险情境，企图摆脱而又无能为力时所产生的一种强烈压抑的情绪体验。过度的害怕和病态的恐惧会让人们失去活力，降低人们的工作效率，危害人们的健康。但恐惧也有一定的正面意义。恐惧也是一种警报系统，可以提高人的灵敏度，帮助人们为应对危险迅速做出反应。比如：对受伤的恐惧让人们远离危险行为；对法律惩罚的恐惧让人们遵纪守法；对死亡的恐惧让人们关注自身健康。

4. 悲伤。悲伤是指人在失去盼望的有价值的目标时所产生的情绪体验。悲伤的体验包含失望、沮丧等。其强度与持续性取决于目标的重要性和价值，过度的悲伤会产生内疚、绝望、自暴自弃等消极情绪，从而危害健康。但悲伤并不总是消极的，悲伤也会促使人去寻求帮助、修补人际关系，还能帮助人从失去中获得智慧。

三、情绪的基本特点

1. 情绪具有周期性。由于人类受一定的地球物理周期的影响,如受到光照周期、大气波动、温度、地球自转等影响,人的行为、生理功能,甚至形态结构都不是一成不变的,而是具有一定周期性变化规律的。

人的情绪与人的智力、体力以及精神活动一样都具有周期性的变化规律,这种具有周期性的规律活动是生命的基本特征之一。人从出生那天起,人体生理上有 23 天、28 天、33 天三个不同的体力、情绪、智力活动周期。在每个周期的前半周期,人的体力充沛、情绪乐观、思维敏捷、为人和善,受重大冲击时能控制自己;后半周期为低潮期,一切表现恰好与前半周期相反。每个周期的一半称为临界日,行为上发生危险的可能性最大。即使一天中的 24 小时之间,人体身心功能也有着明显的变化规律:如在凌晨 4 时血压最低,脑部供血量最少,有心脑血管疾病的人在这个节点相对危险。又如在上午 9 时,神经活性提高,痛感降低,心脏开足马力工作,人的注意力较集中,工作效率较高等。

2. 情绪具有季节性。心理学家和医学家认为,人的情绪与气候有密切关系。

在春季,日照、气温、湿度变化较大,容易引起人的情绪波动。春季气压较低,连绵的阴雨天容易引起人脑分泌的激素紊乱,加剧人的心理机能混乱,容易出现抑郁症、躁狂症等。春季刮的风频率过低,极易产生次声波,直接影响人体的神经中枢系统,使人感到头痛、恶心、烦躁。同时，春风还使空气中的负氧离子大大减少，使人容易出现紧张、压抑、疲劳的感觉。

在夏季，天气炎热，特别是当气温超过 35 ℃，日照超过 12 小时，湿度高于 80% 时，气候条件对人体下丘脑的情绪调节中枢的影响明显增强，导致人的情绪和认知行为紊乱。国内有学者研究认为，夏季炎热天气对人的情绪影响很大，尤其在 35 ℃ 以上的高温高热天气下，人很容易冲动，会莫名其妙地出现情绪和行为异常，这就是所谓的"情绪中暑"，医学上称为"夏季情感障碍"。所以，在夏季高温天气要预防"情绪中暑"。

3. 情绪具有调节性。 情绪可通过神经、内分泌和免疫系统引起的生理变化影响健康。积极的情绪能提高大脑皮层的张力，通过神经生理机制，保持机体内外环境的平衡与协调；消极的情绪则严重干扰心理活动的稳定，体液分泌紊乱，免疫功能下降。有许多心理因素导致的疾病与人的情绪失调有关，如心绞痛、哮喘、月经失调、溃疡等。积极而正常的情绪体验是保持心理平衡与身体健康的重要条件。适当的情绪会提高大脑活动的效率，使人的思维更加灵活，促进、协调人的认知活动。当然，不良的情绪状态则会干扰和抑制人的认知功能，对人的心理活动过程起到破坏和瓦解作用。

罪犯中有些人是在消极情绪笼罩下艰难地改造。有的灰心丧气，有的牢骚满腹，有的怨天尤人。其实，这是非常有害的。摆脱这种消极情绪的控制，需要进行积极调整，除了积极寻求监狱心理咨询师的帮助，接受心理咨询或心理治疗外，学会自我控制和调节情绪非常重要。比如别老是盯住消极的一面，要有宽广的胸怀；要增强适应环境的能力;要正确评价自己,要注意加强性格的锻炼等。

【知识链接】

情绪、情感的区别与联系

情绪和情感都是在一定的生理基础上、在人类社会发展过程中产生的复杂心理现象,因此心理学家常常把情绪和情感统称为感情。在日常生活中,我们经常混淆情绪和情感。情绪和情感是有区别的,但又相互依存、不可分离。稳定的情感是在情绪的基础上形成的,而且它又通过情绪来表达。情绪也离不开情感,情绪的变化反映情感的深度,在情绪中蕴含着情感。

从需求的层次来看,马斯洛把人的需求由低到高分为生理需求、安全需求、归属与爱的需求、尊重需求和自我实现需求等五个层次。情绪多与人的生理、安全需要相联系,如喜、怒、哀、乐等;情感则更多地同人的精神与社会需要相联系,如与人交往的友谊感、遵守社会规范的道德感、与精神文化需求相关的美感和理智感。

从稳定性程度来看,情绪具有情境性和暂时性的特点,而情感则比较稳固和持久。情绪往往随情境或即时需要的出现而产生,也随情境的变化或需要的满足而较快地减弱或消逝。情感体验则是情绪概括化的结果,可以说是在多次情绪体验的基础上形成的稳定的态度体验,如对国家、对民族的爱和忠诚。

从反应特点来看,情绪具有冲动性、外显性的特点,常伴随明显的外在表现。人在强烈的情绪状态下常常不能自控,如悲伤时痛哭流涕,高兴时手舞足蹈,恐惧时全身僵硬,愤怒时暴跳如雷。情感则具有内隐性和深刻性,更多的是内心的体验,深沉而且久远,没有明显的外部表现。情绪一旦产生,常常一时难以控制,而情感则始终处于意识的支配下。

第二节 情绪自我调控

情绪调控是指用科学的方法有意识地调适、缓解、激发情绪,以保持适当的情绪体验与行为反应,避免或缓解不当情绪与行为反应的实践活动。如果罪犯对自己的情绪缺乏必要的调控,完全受情绪的驱使,就会产生不理智的情绪化行为,情况严重的可能会因为一时冲动发生打架斗殴等事件,带来不愉快甚至灾难性的后果。但如果每个人能够学会调控自己的消极负面情绪,那么人的心情将会变得更加愉快,生活也会变得更加美好。

一、觉察情绪

准确觉察自己的情绪是调控消极负面情绪的前提。简单地说,要克服某种消极情绪,必须先承认消极情绪的存在。比如,有人想缓解自己的恐高情绪,得先承认自己对高处有恐惧心理,如果他认为那是丢人的事而不愿意承认,就无法克服这种恐惧心理。

同样,如果对自己的焦虑、抑郁、愤怒情绪意识不到或不愿承认,就无法消除这些消极情绪。觉察情绪包括觉察自己的情绪和觉察他人的情绪。

1. 对自我情绪的觉察。首先,可以通过自我情绪记录表,记录整理每天的情绪,增强对情绪的认识和觉察。以情绪时间、类型、程度、事件、想法等项目为自己列一个情绪记录表,连续地记录自己的情绪状况,并在一段时间后进行总结和回顾(如下表)。其次,可以通过他人的反馈来觉察自我的情绪。一个人对自身的评价往往不够准确,通过征询他人意见,能帮助自己更准确地识别自身情绪。可以通过与亲人、朋友、其他罪犯、警察等进行诚恳交谈或写信交流,征求他们对自己在日常改造中情绪表达和情绪调控能力的看法和建议,借助别人的眼光认识自己的情绪状况。最后,还可以寻求心理咨询师的专业帮助,通过专业的情绪测试表来理解自身情绪。比如情绪稳定性测试、抑郁情绪自测、焦虑情绪自测等。

自我情绪记录表

日期	情绪	程度	事件	想法
3月1日	烦躁	30%	劳动岗位调整	我担心做不好,完不成劳动任务
3月2日	期待	50%	可以拨打亲情电话	很快就能跟父母通话
3月3日	轻松	100%	家人来会见	家里一切顺利,没什么担心的

2. 对他人情绪的觉察。觉察他人情绪不能单纯依赖语言,语言中表露的信息很多时候并不能准确反映个人内心的情绪体验。要更多地关注他人的面部表情、语速语调和身体动作等。比如,当你和某罪犯讨论问题的时候,如果你发现他的语速加快、语调提高,说明他已经开始急躁,这时候你需要转移话题,缓解对方的情

绪。当你发现某罪犯终日眉头紧锁、唉声叹气、活动减少,他可能正处于抑郁的情绪状态,需要你的关心和帮助。觉察到别人的情绪有助于提升自我情绪觉察能力。

二、理解情绪

理解情绪就是对情绪的体验、情绪的转变、混合在一起的复杂情绪进行理解。例如,一个快乐的人会说"我很高兴",也会认为"今天一切都会像我想象的那样"。因此,情绪可以提供给我们自己的情绪信息,使我们以适应自己情绪状态的方式去思考。情绪理解力好的人能够理解一种情绪如何引发另一种情绪,情绪如何随时间变化,以及短时间的情绪状态如何影响人际关系等。

1. 理解自我的情绪。当改造中出现消极负面情绪时,首先问问自己:这些值得去烦恼吗?我应当如何去做?如果引发这一情绪的是一些虚幻的或者是还没有发生、只是自己认为的事情的时候,那就应该毫不留情地将这些弃之脑后。如果是真实存在的事件或他人引起了自己的消极负面情绪,那就需要冷静下来认真思考和分析自己情绪的根源,再全面分析围绕这一情绪的所有信息,通过转变自己对相关信息的错误认知,努力减少负面情绪的影响。然后在事件发生一段时间后总结和回顾自己的情绪,进一步辨识当时情绪的内涵和产生的原因,反思自己的情绪反应是否得当,问问自己:我为什么这么做?当时是怎样的情绪?产生这种情绪的原因是什么?对我的改造有什么消极的影响?今后的改造中应该如何避免这种情况的发生?经常性地总结反思自己的情绪,将逐步增强情绪的理解能力。

2. 理解他人的情绪。 心理换位是理解他人情绪的有效方法。所谓心理换位，就是与他人互换位置角色，即俗话说的"将心比心"，站在对方的角度思考、分析问题。心理换位意味着即使你不能认同他人的情绪，也要尊重他人的情绪，从他人的立场体会别人的情绪和思想。心理换位能力越强的人，越容易进入他人的内心世界，也越能理解他人的情绪状态。比如，当受到警察的批评时，会感到不满和生气，这时要设身处地地想一想，如果你是警察，遇到此类情况会怎样呢？这样，就能理解警察对自己的态度，从而使心情平静下来。

三、表达情绪

恰当地表达情绪，就是以合适的方式和方法，正确地表达自己的情绪，既可以将积极情绪与人分享，又可以将消极情绪与人共同分担。通过情绪表达，彼此之间可以增进了解和沟通。那么，怎样才能适当地表达情绪呢？

1. 选择时机和场合。 恰当地表达情绪要讲究时机、场合。有时候情绪一产生就表达出来最适当，比如听到一个有趣的笑话就马上开怀大笑。但有些情况下，就必须根据情绪表达的对象，暂时控制情绪，另寻合适的时机和场合。比如，在集体讲评时，警察批评了你，你觉得受了冤枉，很生气，但是如果你当场发作，可能会使警察，也使你自己下不了台。可以等到警察讲评结束后报告警察，清楚地向警察表达你的情绪和想法。这样，既不会让你的不满情绪无处发泄，也兼顾了时机、场合和对象。

2. 选择适当的表达方式。 当你向他人表达积极情绪如喜欢、欣赏、感激时，他人感受到你的情绪，受到情绪的感染，也会由衷地快乐。反之，如果你羞于向他人表达自己的喜欢和欣赏，那么他人就不会知道你的喜欢和欣赏，甚至还会以为你是一个感情淡漠的人。当你出现消极情绪时，可以通过恰当的方式表达情绪，这样不仅有利于释放情绪压力，也有利于及时处理人际冲突。比如，当你发现其他罪犯没有经过你的同意却使用了你的牙膏时，你感到不满，你可以私下告诉对方："你要用我的牙膏，可以先问我。如果你不先问我，我会感到不高兴。"

3. 友善回应他人。 当他人对你表达情绪、情感时，要站在他人立场上思考分析他所遇到的问题，友善而又及时地给予回应，做到尊重对方、理解对方。如果你无动于衷，可能会使对方产生失落感和受挫感。友善的回应会让人感到欣慰、快乐甚至感动，从而能促进双方良好关系的建立。比如对方帮助了你，你要面带微笑说："谢谢你。"

四、管理情绪

管理情绪是个体通过一定的策略和方法，管理和改变自身情绪的过程。可以使用以下几种策略。

1. 认知调适。 认知是指一个人对某一件事的认识和看法，包括对事件的评价、解释以及对未来发生事件的预期。认知心理学研究表明，引起人们情绪困扰的并不是外界发生的事件，而是人们对这些事件的不合理认知。因此,我们可以通过改变对事件的不合理认知,进而改变情绪。在日常生活中,常见的不合理认知有过分概括化、糟糕至极、绝对化这三种。过分概括化指的是一种以偏概全的不合理思维方式。例如,某罪犯因为改造中的一些小挫折就全盘否定自己的能力与价值。糟糕至极指的是把事情的可能后果想象得非常可怕、非常糟糕。例如,某罪犯仅因为自己的一次违规行为,就认为自己再也没有减刑的机会了。绝对化指个体以自己的意愿为出发点,认为某一事件必定会发生或不会发生的信念。例如,某罪犯认为其他罪犯都应该对他友善,在他提出需求时都应该帮助他。

2. 注意转移。注意转移策略指把注意力从产生消极否定情绪的活动或事物上转移到能产生积极肯定情绪的活动或事物上来。其生理机制是大脑皮层优势兴奋中心的转移。当人遇到逆境时,一味地沉湎于消极情绪中,会使身心受到伤害,所以,必须把集中于消极情绪的注意力转移到愉快的有意义的活动上来。注意转移法可以分为积极的转移和消极的转移。积极的转移,如把时间、精力从消极情绪体验中转向有利于个体发展的方向上,如积极参加文体活动、勤奋学习、努力劳动等。消极的转移,指情绪不佳时,用消极的行为表达情绪,如逃避、自暴自弃等,这是应该努力避免的情绪转移方向。

3. 合理宣泄。宣泄就是将内心积累的情绪倾倒出来,是缓和消极负面情绪、恢复心理平衡的重要方法。宣泄要合理而适度,既不能宣泄不足,也不宜宣泄过度。宣泄不足会导致情绪得不到充分释放,导致压力积累。宣泄过度会导致情绪能量衰竭,破坏心理平衡。当感觉心中烦躁易怒想要发泄的时候,可以在心理咨询师的指导下到监狱宣泄室宣泄,宣泄完再由心理咨询师进行适当心理疏导。当消极负面情绪产生时,还可以通过身心放松的方法。如呼吸放松、肌肉放松、冥想放松等,利用生理和心理的彼此影响,以身体各部分的松弛作为练习时的目标,使心理和生理两方面同时达到放松效果。

倾诉是一种很有效的宣泄情绪、缓解压力的方法。人在心情愉快的时候,往往希望与别人分享快乐,更容易敞开心扉。而在遇到挫折、麻烦、情绪不佳时,倾诉同样能起到宣泄情绪的作用,让身旁的人分担苦恼、排解忧愁。培根说过:"如果你把快乐告诉一个朋友,你将得到两份快乐。如果你把忧愁向一个朋友倾诉,你将被分掉一半的忧愁。"需要找他人倾诉的时候,可以找信任的亲人、朋友、警察、罪犯,也可以找心理咨询师。只要能把烦恼说出来,获得旁人的理解、共鸣,心中的忧愁、烦恼、焦虑等负面情绪就能得到一定程度的释放。倾诉并不仅限于人与人之间的交谈方式。当找不到倾诉的对象时,还可以采取模拟倾诉和写信、写日记等书面倾诉的方法。运用上述倾诉方法,都可以使你的情绪得到排解,让你的思路更加清晰,使你能够更加客观地看待事物。

4. 理智控制。有些罪犯常因为个人利益冲突或一些无意义的小事,"怒从心头起,恶向胆边生",打架斗殴,寻衅滋事,不仅影响自己的改造成绩,也让自己陷于困境窘境。要从根本上解决问题,避免这些事情发生,一方面要加强学习,提高思想素质和道德修养,另一方面就是要学会平息怒气,学会理智控制。

【案例】

　　罪犯潘某因贩毒、故意伤害罪被判刑入狱。入狱八年了,只减过一次刑,打过的大大小小的架,连他自己都数不清。他刚入狱的时候,也想好好改造,可到快要减刑的时候就放肆起来了,隔三岔五地跟其他罪犯争执、打架,经常被扣分或受到行政处罚,余刑还有五年多。几年间他辗转调了几个监区,仍然解决不了问题。潘某自述最近感到自己心情烦躁,容易发火,明知道是一些微不足道的事情,却控制不住自己的脾气。心理咨询师帮助潘某分析了他烦躁易怒的原因。潘某的性格偏外向,脾气暴躁,性格冲动,人际关系比较敏感,环境适应能力较差,好面子,自我控制能力较差。在心理咨询师的指导下,潘某学习了情绪自我调控的方法,每天进行正念训练,逐步提高了情绪的自我调节和控制能力。两个月后,潘某的情况得到很大好转。

5. 理性升华。 升华是指当个体原有冲动或欲望不能实现,或不可能得到社会的允许时,就将它们变成社会许可的形式,或者用更崇高的、具有创造性和建设性的、有利于社会的活动表现出来。如人们常说的"化悲痛为力量"就是典型的理性升华。补偿是情感升华的一种常见方法。所谓"补偿",就是发挥自己的才智和特长,来弥补由于自己生理上或心理上的缺陷所引起的烦恼或痛苦等情绪。比如,有的罪犯学习考试成绩不好,就在劳动改造中加倍努力,取得过人的成绩。补偿不仅能消除消极情绪,还能提高罪犯的适应能力。当一个人在困难面前或身处逆境时,自我激励能使他从困难和逆境引起的消极情绪中振奋起来。"失败是成功之母"是大家都熟知的一句名言,但是在失败后如果一直消沉,那么失败只能永远是失败。因此,当我们遭遇失败时,一定要采取自我激励的方法振作精神,决不让自己消沉下去。

第三节　不良情绪处理

人不可能永远处在好情绪之中,生活中既然有挫折、有烦恼,就会有不良情绪。不良情绪是由于个体受到外界刺激或内部矛盾冲突无法及时解决而产生的一种负面的、消极的情绪体验。一个心理成熟的人,不是没有不良情绪,而是善于调节和管理自己的情绪。焦虑、抑郁、恐惧、愤怒、烦躁、消沉是罪犯日常改造中常见的不良情绪,掌握处理这些不良情绪的实用方法,可以提高罪犯的心理健康水平,有利于罪犯平稳改造。

一、焦虑

(一)焦虑的概念与主要表现

焦虑是对未来危险和不幸的忧虑预期,主观上感到不愉快,甚至痛苦和难以自制,并伴有神经系统功能的变化和失调。

焦虑常常表现为心跳加快、血压升高,呼吸急促,严重的甚至出现身体颤抖、僵直等反应。焦虑的发生与情境有关,如经常不能达到改造目标或不能克服障碍,致使自尊心与自信心受挫,或是失败感和内疚感增强。

(二) 焦虑情绪的调节与控制方法

1. 建立适度的期望值。期望值过高,脱离自身的能力和水平,势必会造成无法消解的压力,也无法达到目标。期望值应该和自己的能力和水平相适应,或者稍微超越一些,但这些超越只能在通过自身的努力可以达到的限度之内。只有这样,才能心平气和地去对待即将从事的活动,才能消除焦虑。

2. 建立适度自尊。自尊心过强,就会把什么都看得过重,生怕受人轻视和讥笑,往往患得患失,会为尚未发生的困难担忧不已。调整对自身价值的评价,确立合理适度的自尊心理定位。只要凡事尽最大的努力,做最坏的打算,就能泰然处之。

3. 建立必要的自信。缺乏自信心,势必会在遇到困难的时候,为暗淡的前景所困扰,而处于过度的紧张状态;如果对未来和即将从事的活动充满信心,就能逢山开路、遇水架桥,就会相信没有闯不过去的关隘。当然,这也需要强化相关的知识和能力,并做好充分准备。

4. 正确对待荣誉。不要把荣誉看得高于一切,否则就会为荣誉所累,整日耿耿于怀而焦虑不安。

【案例】

罪犯王某,入狱前与妻子感情融洽,入狱后妻子基本上每个月都来会见他。两个月前,王某的妻子突然没有来探视,过了一个月又没有来。王某焦虑的情绪越来越严重,一个念头不断浮现脑海:入狱头两年,几次让妻子再找个人嫁,都被她拒绝了。难道她现在有心上人了? 红杏出墙了? 不会吧? 一定是生病了,要不就是家里出了什么事? 王某越是这么胡思乱想,越是心急如焚,坐立不安,食欲大减,好几回从噩梦中惊醒。这么一来,王某精神时常恍惚,振作不起来,改造表现也大打折扣。

因为担心家庭婚姻发生变故而焦虑是一种很正常的情绪反应。焦虑是一种信号,提醒即将有危险、威胁来临。当王某察觉到家庭婚姻变故这一潜在的威胁存在时,便产生了焦虑情绪和相应的躯体反应。焦虑情绪产生后,需要及时掌握原因,努力摆脱与缓解。要培养积极的生活态度、增强自身心理承受能力。可以通过电话、信件等方式向亲人、朋友了解家中情况,同时通过向其他罪犯、警官倾诉,参加文体娱乐活动等方式缓解焦虑情绪。

二、抑郁

(一) 抑郁的概念与主要表现

抑郁是一种负面情绪增强的复合情绪,主要包括情绪低沉、痛苦、难过,并附着不同情况而合并诱发悲伤、忧愁、自罪感等情绪。对大多数罪犯来说,抑郁情绪都会出现,但时过境迁,很快会消失。

抑郁情绪的主要表现有心情不好,闷闷不乐,食欲减退,喜欢回避他人,不愿与人交流等。有抑郁情绪的人感到做什么事都没有意思,是一种悲哀的冷漠的心境。

(二) 抑郁情绪的调节与控制方法

1. 认知疗法。美国心理学家贝克认为,人有种自动思想,一件事发生了,这种思想就冒出来,进行消极评价,结果导致消极情绪的产生。因此,要克服抑郁情绪,就得改变消极的认识过程。任何事都有好的一面和不好的一面,遇到问题不能只看到不好的一面,更要多想想好的积极的一面。

2. 锻炼自己坚强的意志。 人生不会一帆风顺,会有这样那样的困难和挫折,所以压抑、痛苦、彷徨是不可避免的,关键是一定要在痛苦、抑郁中重新振作起来。一个哲人说得好:"苦难是人生最好的老师。"当遇到困难、挫折时,应首先提醒自己,这是生活给自己提供的锻炼机会,自己一定要珍惜。通过自我鼓励,也可要求好友给予鼓励和督促,以增强战胜困难的勇气。

3. 祛除追求完美的心态。 追求完美只是人们的一种良好的主观愿望,事实上,万事都有其自身发展的规律,都按主观意愿"如意"发展是不现实的。人之逆境十之八九,又怎能"万事如意"? 服刑改造从当前看当然不是好事,但从长远看未必就是坏事。请记住,即使已到"山穷水尽疑无路"的地步,还有"柳暗花明又一村"的机遇。

4. 多参加集体活动。 监狱开展了丰富多彩的文体活动,如果大家都能积极参加,使自己的情绪状态不断为充满生机、洋溢欢乐的集体氛围所感染,可以潜移默化地控制和消除抑郁情绪。

5. 及时排解消极情绪。 当抑郁情绪无力自行摆脱时,千万别闷在心中,而应该想方设法予以疏泄,如可向亲朋好友、管教警察倾吐内心的苦恼,以求得安慰、理解、同情。

【案例】

新入监罪犯徐某,犯罪前是一名在校大学生,因为一时冲动致人重伤而入狱。入狱以来终日唉声叹气,精神萎靡不振,食欲差,入睡困难,在入监教育和训练中表现消极,在与其他罪犯相处时寡言少语。警官找其谈话时,他反应冷淡,行动迟缓。他在给同学的信中写道:希望的火炬已经熄灭,我的人生陷入了深深的泥潭。

入狱后,徐某从象牙塔里的学子变为一名监狱囚犯,心中对未来的美好憧憬也化为了泡影。身份地位的急剧变化,让徐某产生了抑郁情绪。但放任自己沉浸在抑郁情绪之中,不仅不利于身心健康,还将严重影响服刑改造。所以,徐某应当看到光明的一面,认识到自己漫长的人生道路上还有无限的可能与希望,应该客观地评价自己,重新规划自己的人生目标,树立信心,积极投入改造活动。

三、恐惧

(一)恐惧的概念与主要表现

恐惧是个体的生存或生活受到威胁时产生的,由于感觉到面临危险而引起的不愉快的情绪。这种情绪是以实际的或想象的危险源为目标。恐惧能起到警示作用,提醒人们采取适当的行动远离或应对危险。一般的恐惧不会影响罪犯的改造生活,但极度的恐惧会引起罪犯的心理失衡和一系列躯体症状,从而严重影响罪犯的正常改造和日常生活。

恐惧的主要表现是因为畏惧、害怕而产生的强烈的生理反应,如心跳和呼吸加快、肌肉紧张、手脚颤抖等。罪犯由于出现过失或偶尔违反监规纪律,在惶恐害怕的同时,常常伴随着悔恨心理和羞耻心理,呈现出不愉快、悔恨、担心等复合情绪状态。

(二) 恐惧情绪的调节与控制方法

1. 正确对待错误与失败。 罪犯要正确对待错误与失败,既不怨天尤人,又不诚惶诚恐。只要端正态度,提高认识,勇敢面对错误与失败,恐惧必将远去。

2. 查找原因,坦然面对。 引起罪犯恐惧的原因较多,特别是服刑后期,一些罪犯唯恐出错,终日小心翼翼,"可还是越怕有事越有事"。面对这些问题,罪犯需要冷静思考,理出头绪,用自身内在的积极因素战胜消极因素和不良的情感体验,用积极的改造热情代替不安的心态。

3. 加强自信心训练。 自信心训练是通过增强个人对生活、工作、学习的信心,来摆脱不良情绪的困扰。真正的自信心训练要贯穿生活的每时每刻,在做每一件事之前都要从从容容,提早做好准备,积极应对。

【案例】

罪犯袁某,48岁,平时改造表现尚可,近日同号房罪犯反映其夜间经常惊醒,白天在劳动和上课时又经常走神。警察找其谈话了解情况时,袁某显得非常紧张,欲言又止。经过耐心的引导,他终于说出了心中的困扰。原来近日监狱内正在进行清查余漏罪专项活动,袁某曾有一起盗窃案未被查处。在"坦白从宽,抗拒从严"的宣传攻势下,袁某既怕坦白余罪后被加刑,又怕被他人揭发后处罚更重。

面对清查余漏罪活动引起的恐慌情绪,袁某首先要认清这种情绪困扰是由余漏罪这一具体事件引起的。要消除这种情绪,袁某应该尽早主动向警察坦白罪行,坦然接受法律的惩处。

四、愤怒

（一）愤怒的概念与主要表现

愤怒是由于目的和愿望不能达到，或者顽固地、一再地受到妨碍，逐渐累积而成的情绪。有些罪犯入监后，常因为个人利益冲突或一些无意义的小事，"怒从心头起，恶向胆边生"，打架斗殴，寻衅滋事，从而影响自己的改造成绩。

愤怒的主要表现有暴跳如雷、出口伤人、寻衅发泄等，常伴有心跳加速、心律失常等生理反应。频繁的愤怒对人的身体有着巨大的伤害，会诱发心悸、失眠、高血压、胃溃疡等症状。

（二）愤怒情绪的调节与控制方法

1. 分析原因。人的愤怒，可以有生气、恼怒、大怒、狂怒等不同程度。一般来说，愤怒的等级，同外界刺激和个人的气质类型、修养水平有关。对于稍不顺心便暴跳如雷的人，其应当放开度量，努力做到豁达容人，提高自我控制的能力。对于情绪不稳、易激惹、易发怒的人，那就需要找心理医生进行咨询，还要努力进行心理调节。

2. 认识到发怒的危害。人在愤怒时，由于交感神经兴奋，心跳加快，血压上升，呼吸急促，脸色变红或发白，额部、颈部的静脉极度扩张，会严重影响身心健康，诱发消化系统疾病。同时发怒必定会造成人际关系紧张，影响改造进程。为了避免这些消极后果，要制怒。

3. 避开或转移刺激。避开刺激是一种消极的制怒方法，就是避开刺激源,改变一下环境,如在争吵时回避一下,去散散步,以免发怒。转移刺激是积极地接受另一种刺激的制怒方法。当感到心绪不佳时,可以找一些有益的事情去做。如参加文体活动,读书、唱歌,或说一些幽默的话来缓和紧张气氛,以保持良好的心境。千万不可钻牛角尖,让自己不能自拔。

4. 主动释放。 发怒是一种被动的"释放",其结果不仅不能出气,反而增加了压抑感。应当寻求主动释放的机会。例如,把自己胸中的愤懑不平向管教警察汇报,寻求他人帮助、咨询,或者通过谈心,商讨改善人际关系、增进和谐的办法。

5. 意识控制。 人的情绪在很大程度上受到思想意识的左右。所以制怒的根本办法,还在于加强思想意识的修养锻炼,提高自己适应环境的能力,完善自己的人格,经常对自己的行为进行监督反省,逐步加强意识的控制力量。在即将爆发怒气时,做深呼吸,学会暗示自己,暂停一分钟,让理智因素参与对行为和感情的调控,使消极情绪逐步退却、平息。

【案例】

罪犯李某,三次提请减刑都因为违规扣分太多而被退回。几次提请减刑被退以后,李某变得情绪烦躁,非常愤怒,常常莫名其妙地发脾气,对警察爱理不理的,分配的劳动任务也时常完不成,内务也不爱整理了,并且在罪犯群体中公开说:"我反正减不了刑,你们不要惹我,否则就不客气啦!我也让你们来陪陪我,感受一下不能减刑的滋味。"近日多次因小事与其他罪犯发生争执,到了晚上,他翻来覆去,难以入睡,脑子里总是想:"为什么就我减不了刑?为什么总是针对我,芝麻大的事也扣分,别的罪犯都顺利减刑,只有我,落个如此下场。"

　　李某对自己减刑受挫的错误认识,是他产生愤怒情绪的重要原因。李某要想消除愤怒情绪对其改造生活的困扰,就必须认识到自己无视监规纪律、不遵守行为规范才是造成减刑被缓的原因。首先要严格要求自己,改正在社会上沾染的恶习。其次要加强修养,用开阔的胸襟体谅他人,不为小事斤斤计较,要学会克制,三思而后行。最后要学会合理宣泄情绪,如交谈、写信、参加文体活动等。

五、烦躁

（一）烦躁的概念与主要表现

　　烦躁是指人心中烦闷不安、心神不宁、急躁易怒的情绪。罪犯在日常改造中往往会遇到来自方方面面的压力和让自己心烦的事情。有时,改造中一点小小的刺激,就会让自己心生烦躁,情绪不再稳定,总是想宣泄自己的不良情绪,却发现自己手足无措,不知道该如何应对。

　　通常,烦躁主要表现为胸闷、心悸、口干、呼吸短促、尿频尿急、心烦意乱、坐立不安等,严重时表现为手足动作及行为举止躁动。

（二）烦躁情绪的调节与控制方法

1. 转移注意力。出现烦躁情绪,是因为存在现实的刺激,从而导致我们心情烦躁、精神不振、注意力无法集中、记忆力下降等。当出现烦躁情绪时,不要让自己沉溺于刺激事件之中,要转移自己的注意力,当你不再去注意刺激事件,那么你的情绪也就会慢慢地释放了。

2. 倾诉心理困扰。每一个人都会有情绪,情绪也会有上下波动,人的情绪不是一成不变的。但是如果出现持续的情绪烦躁、低落,那么就要试着去调整。如找个人倾诉你的心理困扰,将你的不良情绪都宣泄出来,那么你的情绪就能调整过来。

3. 要淡化个人得失。凡事不要期望过高,顺其自然,尽力而为,要学会淡泊名利。可以通过积极改造,来转移自己注意力,充实自己的改造生活。

4. 要看到人都是有局限性的。要承认自己有不足,并且努力去弥补自己的不足,世上完美的人是不存在的。对于我们无法左右的事,如地震,我们要学会顺应;对于别人的事,如离婚,我们要学会尊重;对于自己的事,如改造任务,我们要学会尽力。

【案例】

罪犯李某某,男,25岁,因犯故意伤害罪被判刑7年。李某某个性敏感多疑,性情急躁,做事缺乏耐性,人际关系紧张。入监1年多没有会见、通信,经常不能完成学习、训练和劳动改造任务,多次被警察处理。李某某对自己的改造感到手足无措、烦躁不安,晚上睡觉经常失眠,担心自己不能完成改造任务,更担心家人不肯原谅他。李某某要消除烦躁情绪,就要接受现实,调整心态,正确认识自己,尽快适应监狱服刑生活。要正确对待改造中遇到的困难,处理好人际关系,积极参加监狱开展的活动,制订改造计划,踏实改造,从而舒缓自己的烦躁情绪。

六、消沉

（一）消沉的概念与主要表现

消沉是指心灰意冷、沮丧颓唐的消极情绪。消沉是罪犯中常见的情绪问题,每一个罪犯在改造过程中都会伴随许多的挫折、逆境、不如意,那么,这时候就很容易产生消沉的情绪。

消沉主要表现为灰心丧气、长吁短叹,对什么事都提不起兴趣,整天无精打采,封闭自己,责备自己,怨恨自己,自信心下降,疏于与外界沟通,孤寂、悲观,不能正确面对现实,总想逃避现实,看不到未来的希望,观念固执,在某个角落自我品尝苦果。

（二）消沉情绪的调节与控制方法

1. 要有坚定的理想、信念、抱负。 失去这些就等于失去了生活的支柱和奋发的动力。"哀莫大于心死","心死"就是失去了理想、信念、抱负,就是失去了生存的希望。而有了理想、信念、抱负,心中就有所寄托,就有了生活的目标。当然,理想、信念、抱负,应该是经过努力和奋斗可以实现的,是在努力和奋斗中体现人生意义的,那些低级的和好高骛远的可望而不可即的理想、信念、抱负到头来只能诱发消沉情绪。

2. 要不断锻炼自己的意志。 顽强的意志力不是天生的,是在实践中不断磨炼出来的,是在千百件小事中逐步培养出来的。为此可制订和执行切实可行的自我锻炼的计划,如生活计划、学习计划、劳动计划、体育锻炼计划等。只有培养坚强的意志,才能遇到挫折而心不灰、气不馁,才能总结经验教训,调整行动,坚定地奔向奋斗的目标，从而避免消极情绪，摆脱消沉。

3. 要养成良好的生活习惯和积极的生活态度。 人生不过百年，做人还是轻松一点，不要急于求成，不为琐事所累，退一步海阔天空。要保持内心平静，知足常乐，淡泊名利，宽容待人，善待自己，接纳自己，多为自己鼓掌，学会宣泄生活中的烦恼。

4. 要轻松做人，学会发现生活的美。 生活当中，难免会遇到一些不顺心的事，但有时你只要换一个角度来看待问题，乐观地面对，眼前就会出现"柳暗花明又一村"的景象，这需要发现并创造生活的美，凡事多往好处想，助人为乐，广交益友，善于发现和享受生活带给你的乐趣。

【案例】

　　罪犯周某，因贩卖毒品罪被判刑6年，入监服刑不到1年，其父亲去世，上初中的孩子辍学，妻子又前来提出离婚要求。周某性格内向，人际关系敏感，平时总是郁郁寡欢，很少与人交流，家中发生这些事情后，周某内心非常痛苦，十分消沉。改造没有了动力，感到人生没有什么意思，心里总想着："这些不幸的事情怎么都摊到我的身上，生活对我多么残酷！"这个时候，周某要学会冷静，好好分析自己存在哪些错误的想法，可以找人倾诉，向监区警察汇报，也可以好好跟家人沟通，了解情况。遇到挫折不要自暴自弃，要学会发现自己身上的价值，调整心态，也可以及时向心理咨询师求助。

【心理故事】

狗咬人的故事

小亮的父亲这天早上到公司上班,刚打扫完办公室准备坐下来喝茶,就被公司老板看到,老板无缘无故将他训斥了一通,说他一上班什么事都不做,只知道喝茶。小亮的父亲感到心里很委屈,也很郁闷。他觉得自己自我要求很高,全单位人都知道他是全身心扑在工作上的,老板昨天开会还表扬自己的,今天这是怎么了?

小亮的父亲整个上午都闷闷不乐,上班不在状态。办公室主任安排他的任务老是出错,又被主任批评了几句。中午下班回家,妻子给他开门,跟他打招呼,他板着脸一句话也不说就回到房间,衣服没有脱就躺到了床上。妻子感觉不对劲,问他怎么了,他说没什么,就是有点心烦。等到妻子把饭菜做好端到桌上叫他吃饭时,他突然从床上坐了起来对着妻子发火说:"你就知道吃吃吃,其他什么事都不会做。"妻子有点莫名其妙,感觉自己没有做错什么事,心里很委屈。

小亮的父亲没有吃午饭下午就去单位上班了。小亮的母亲整个下午一直在家里胡思乱想,烦躁不安,心里很难受,又不敢打电话给小亮爸爸问到底是怎么回事。她一直坐在沙发上生闷气。等到小亮傍晚放学回到家,小亮的妈妈才起身,一句话也没有说就到厨房做晚饭去了。小亮没有注意妈妈的表情,他吃了一点放在茶几上的水果就去做作业了。小亮做完作业刚准备看电视,妈妈突然从厨房冲到客厅,把电视关掉,并对小亮发了一通火。她骂小亮只知道天天看电视,其他什么事都不会做。她还动手把小亮做的作业撕掉,骂小亮字写得不好。小亮因为妈妈莫名其妙的火气而怔住了,呆呆地站在那里,心里想昨天自己考了全班第一,妈妈还表扬自己的,今天妈妈态度怎么一百八十度大转弯,小亮心里很难过,也很愤怒。这时,小亮看到家里养的小狗正躺在沙发上看着自己。小亮怒火中烧,冲到沙发上,飞身一脚将小狗踢到地板上。小狗被一直很宠爱自己的小主人踢得嗷嗷直叫,很快就冲到门外去了。

小狗在小区里疯狂地叫着到处乱窜。这时,小亮的爸爸哼着小调下班回来了。下午上班后老板主动打电话叫他去老板办公室,老板为上午发火的事主动向他道歉,还约他晚上一起陪客户吃饭。所以,小亮的爸爸晚上下班回来时心情好多了。他刚进小区大门,看到自家的小狗,便主动迎了上去,没想到情绪失控的小狗冲了过来,并狠狠地在小亮爸爸的腿上咬了一口。

【警官寄语】

狗咬人的故事告诉我们:一、心理健康很重要;二、情绪有传染性;三、不良情绪对人的伤害很大;四、每个人要对自己的情绪负责;五、不要把不良情绪带回家;六、每个人要学会调节和控制自己的不良情绪。

【学、思、写】

1. 什么是情绪?
2. 罪犯常见的情绪困扰有哪些?
3. 说说你自己是如何管理自己的情绪的。

📢 **导读**：人生不可能一帆风顺，成长总会遇到各种挫折。挫折考验着人类，每个人都无法逃脱，不可避免。罪犯从踏入高墙的那一刻开始，角色将会产生冲突，需求将会严重受限，挫折时刻伴随左右。罪犯服刑改造，需要应对挫折，及时化解矛盾。

第五单元　积极应对挫折

失去自由的罪犯作为一个特殊的群体,会遇到特殊的挫折。面对挫折,需要了解挫折,掌握应对挫折的准确方法,培养战胜挫折的能力。遭遇挫折无须害怕,应当积极应对、战而胜之,因为只有接受风雨的洗礼和磨炼,才会有更加辉煌灿烂的明天。

第一节　了解服刑期间的挫折

挫折是生活的组成部分,虽然人人都不欢迎挫折,但又总是躲避不开。所谓一帆风顺、万事如意只是一种美好的愿望,现实生活的复杂纷争往往使得这样的愿望难以实现。服刑过程更是如此,挫折总是不可避免地出现。

一、什么是挫折

挫折是指人们在从事某种活动、追求某个目标时遇到障碍或干扰,并因障碍干扰而产生了损失或遭受失败。不同的人对挫折的理解或认知可能会有所区别。比如,一位工作很努力的人,会把长时间未得到领导的提拔当作挫折,这是合乎常理的。

挫折的构成有三个要素:首先是挫折的情境,就是指人们在有目的的活动中,有需要不能获得满足的内外障碍或干扰等情境状态或情境条件;其次是对挫折的认知,是主体对挫折情境的知觉、认识和评价;最后是对挫折的反应,指主体伴随着挫折认知,对于自己的需要不能得到满足而产生的情绪和反应。

一般来说,挫折在我们每个人生活中都会遇到,它会带来痛苦、磨难,同时也可能带来收获、成长。挫折来源于生活的方方面面,比如日常生活中可能遇到衣、食、住、行等方面的挫折:穿的不如别人光鲜,吃的不如别人丰盛,房子不如别人大,车子不如别人好,都可能会带来挫折感。有的人可能不太在意这些,但是家人的埋怨、与他人的对比往往会让这些挫折放大。

对罪犯来说,由一个正常的社会人沦为阶下囚,身份环境都发生了重大转变,遭遇的挫折也随之转变,而由于监狱的环境以及罪犯的身份特殊性,它们又不同于一般的挫折。

入狱服刑改造,就意味着失去自由,这无疑是一种巨大的痛苦。同时家庭、事业、前途、亲情、友情、爱情都将遭到重大的损失,而它的影响却远不只如此。更重大的挫折则产生于监禁,可以说服刑本身即是罪犯人生中一个重大的挫折，不仅如此，在整个服刑过程中还会遇到更多的挫折。

二、挫折的种类

由于人生的境遇各不相同，遭遇的挫折也因此种类繁多。归纳起来，主要有以下四种。

1. 需要挫折。需要挫折是指由于各种原因而造成个体的需要无法得到满足时带来的挫折，包括两种情况：一种是多种需要并存，发生矛盾，难以妥善解决，人们在有多种需求时，往往会难以抉择，从而带来挫折；二是个体自认为的合理需要被外界条件阻碍不能得到满足。

罪犯的需要挫折随着服刑时间的变化而不同。首先，刚入监的罪犯往往面临的是失去自由、远离家人的痛苦，他们的生理需求和社会需求往往不能像在外面那样能得到充分满足。有的罪犯长期无家人来会见，有的罪犯从入狱后就一直睡眠很差。其次，随着服刑时间的增加，罪犯还将面临改造过程中的需要挫折，如生活处遇被停、减刑假释被缓等状况，这些都是罪犯改造中的需求，但因为各种原因，这些需求可能受限。最后，在刑满后，也会遇到一系列的需要挫折：如因为缺乏谋生技能难以融入社会，很难找到合适的工作等，都可能产生新的挫折。

2. 行动挫折。行动挫折是指个体在一定动机支配下，有了行为的意向，但是由于某些因素的影响而无法付诸实际行动或行动受阻。对于罪犯来说，主要体现在以下几个方面：首先是活动区域受限。在监狱,高墙电网矗立,铁门钢窗禁锢,监管设施森严,警戒标志满目,罪犯只能在高墙内规定的有限区域内活动,不说走出大墙,就连去别的监区见见亲属犯和同案犯的想法都无法满足。其次是活动时间受限。时间不能自由支配,这对任何人来说都无疑是一种痛苦。从罪犯入监的那一刻开始,到刑满释放的瞬间,其间所有的时间都不能由自己安排,只能按照规定的作息时间,做规定的事。最后是行动意愿受限。服刑期间,一切行动都必须遵守监规纪律,有事情都要向警察汇报,未经批准,不得擅自行动。无论是区域、时间还是意愿受到限制,都可能导致罪犯行动受阻,产生挫折。

3. 目标挫折。 目标挫折指的是个体制定了目标,但是在行动过程中由于遇到无法克服的干扰和障碍而导致目标无法达成所带来的挫折。在没有成为罪犯之前,相信有许多罪犯有自己的规划和目标,有的正打算结婚,有的正准备创业,有的已经事业有成,正准备再向上攀登高峰,有的罪犯已经功成身退即将退休,打算开始颐养天年,但因为犯罪,被送入监狱服刑改造,他们的所有目标不得不因此暂停,甚至有些目标可能会因为服刑一辈子都无法实现。入狱后,身份的变化也导致了目标的变换,而这些目标也不是一蹴而就的,总有各种原因阻碍着罪犯实现自己的目标,这也会让罪犯产生挫折感。

4. 损失挫折。 损失挫折是指个体自认为本来应是自己的东西,却在一定条件下丧失了,由此而带来的挫折。罪犯因犯罪服刑,本身就损失了许多东西。经济上,无法正常工作获得收入;感情上,亲情、爱情、友情也遭受了严重损伤;前途上,犯罪就意味着事业的暂停甚至终结,可以预见的前途都随风而去。服刑改造后,同样会因种种原因遭受损失,主要表现为:一是生活处遇,正常情况下,罪犯每月都能获得一定的生活处遇,但由于违规,就会导致处遇被降低或暂停;二是物质奖励,劳动改造可以兑现一定的物质奖励,但是由于自身的劳动能力不足、态度不好,也会导致无法兑现;三是行政奖励,表现在表扬被取消,甚至受到警告、禁闭等处罚;四是法律奖励,表现在因违规违纪或政策原因导致一直期待的减刑假释机会丧失。这些损失直接影响罪犯改造,带来新的挫折。

三、挫折产生的原因

任何事情的发生都有其原因,挫折也不例外。掌握挫折产生的原因,有助于罪犯更准确地认识并应对挫折。

1. 自身原因。主要包括生理因素和心理因素,前者指因自身体力、外貌以及某些缺陷所带来的限制,导致需要不能满足或目标不能实现。比如有的人外表阳光,气质出众,这样的人往往容易和他人形成良好的人际关系,由此获得成功的一大助力。而有的人外表状况存在这样或那样不尽如人意的地方,成为学业、事业的一种阻碍,容易因此受挫。心理因素指个体因需求、动机、气质、性格等心理因素导致行动失败,目标无法实现,从而产生挫折,比如动机冲突。动机冲突是指当个体同时产生两个或两个以上相互抵触的动机时,个体心理上产生的矛盾。比如"鱼和熊掌不可兼得"时,若选鱼,则会因未能获得熊掌而遗憾,而若选择熊掌,则又因未能获得鱼而遗憾。又比如,某个罪犯希望提升处遇级别,获得高分减刑,又不愿意参加劳动,接受教育,二者都是罪犯的动机,但又明显冲突。动机冲突必然导致一个或多个动机无法实现,常常是引发挫折的一个重要心理因素。

2. 他人原因。 生活中难免接触形形色色的人,遇到各种各样的事。性格差异、观念相背、利益冲突、喜好不同等,必然会引发人与人之间的关系冲突,继而引发挫折,对罪犯而言同样如此。由于罪犯的特殊身份特征、利益冲突等原因,不被警察认可,不被其他罪犯尊重,产生矛盾冲突的情况,都会让罪犯产生挫折。

产生挫折时,由他人原因引起的主要表现为三个方面:一是不被接纳,部分罪犯性格孤僻,以自我为中心,不容易被群体接纳,容易产生孤独、自卑的心理,导致产生挫折;二是摩擦冲突,部分罪犯本身就有一定的冲动性、盲目性,自我反省克制能力差,容易因琐事与他人发生口角、摩擦导致被处罚,这种情况会给冲突双方都带来影响;三是竞争压力,罪犯都希望能够通过良好的改造表现得到警察的肯定,但是竞争激烈,最终脱颖而出的只能是寥寥数人。

3. 环境原因。 挫折产生的环境原因是指不能预测和防范的天灾人祸、法律政策等非个人力量所能控制的原因,它们给个体的发展带来阻碍和限制,致使需要得不到满足而受挫。挫折的环境原因包括自然因素和社会因素两部分。

自然因素指自然或物理法则的限制,它使动机不能获得满足,从而引发挫折。比如,任何人都会遇到生死离别的境况,因为人不能做到长生不老,也有的人会遇到无法预料的天灾人祸的袭击,如汶川地震使得无数家庭支离破碎，这些无疑会对人的心理产生影响，由此引发重大挫折。罪犯也是如此，在监狱服刑，由于活动区域小，遇上自然灾害的概率不大，但是家人、朋友遇上此类事件同样也会给服刑改造的罪犯带来影响，引发挫折。

社会因素指所处时代的政治、法律、文化等因素的限制，它使动机不能获得满足，从而引发挫折。对罪犯来说，最主要的会带来挫折的社会因素就是国家刑事法律、刑事政策的变化，它会直接影响罪犯的法律奖励，有时甚至会导致罪犯的服刑处遇调整、服刑场所变更等。

四、挫折的危害

挫折会给人打击，带来损失和痛苦，往往还会引起人们心理上和行为上的一系列消极反应，甚至会成为成长中的障碍、人生中的灾难。

1. 肉体创伤。 挫折带来的最直接伤害就是肉体创伤。挫折来临，会导致情绪波动，精神紧张，身体代谢异常，继而分泌出过量的肾上腺素，对身体造成伤害。同时，还会气血不畅，供氧不足，这些对人的健康都会带来一定伤害。罪犯因为长期处于监禁状态，加上心理的沮丧、失落、愧疚、悔恨等情绪的影响，更容易引发疾病，往往会导致身心双双受挫，引发更加严重的后果。

2. 心灵"高墙"。 除了肉体创伤，挫折还会给人的心理造成负面影响，它会让人感到沮丧、烦躁，并由此产生一些负面的反应：攻击、焦虑、退化、固执。罪犯在改造中因琐事与他人发生矛盾后关系紧张,得不到化解就非常容易发生攻击行为,这就是典型的因挫折导致的攻击;罪犯在发生攻击行为后会导致与其他罪犯的关系进一步恶化,然后会感觉到彷徨无助,难以与人交流,担心再次发生之前的攻击行为,随即会产生一种焦虑感,感觉自己与他人及环境格格不入;退化,是挫折后的一种幼稚反应,罪犯在产生焦虑后,有时会选择大哭大闹的幼稚行为来应对警察的批评处理,就如同孩子在犯错时通过这种方式逃避父母的责骂;最后是固执,都说撞了南墙要回头,而固执则是撞到了墙也不知转弯,一味地用先前的旧方法解决已经变化了的问题,是挫折后的一种僵硬的刻板反应。最终渐渐封闭内心,作茧自缚,严重者甚至会筑起心灵"高墙"。

3. 前进路障。 当人遇到挫折后,容易引起情绪波动和行为偏差,如果持续遭受挫折可能导致感情容易冲动,自控能力变差,不能正确评价自己的行为和结果。久而久之形成固定的错误习惯,根深蒂固,难以改变,最终会做出伤害自身或他人、违反社会规范的行为。

罪犯在遭受挫折的时候,如果不能及时应对解决,就会影响改造情绪和改造状态。罪犯李某,非常后悔自己的犯罪行为,对自己给家庭带来的伤害愧疚不已,一心希望通过自己的努力尽早减刑,早日回归社会,弥补家人,但因种种原因导致减刑一次都未成功。李某感觉看不到希望,放弃了自己,混刑度日。李某这种例子在罪犯群体中并不少见,挫折应对得不好就会渐渐成为罪犯前进的路障。

第二节　挫折需要正确应对

人生不如意，十有八九。人在一生中常常会遇到挫折，但面对挫折，人们的处理方式往往各不相同。有人因挫折的打击一蹶不振，心灰意冷，也有人遇到挫折而越挫越勇，奋发有成。孔子流离中写下《春秋》，华为危难时铸造"鸿蒙"，可见对挫折持有客观的认识并正确地应对，无论对个人的成长还是国家的强大都具有重要作用。

一、正确应对挫折的重要性

对于罪犯来说，能否正确应对挫折，不仅决定着服刑的过程是否顺畅，更关系到最终的改造结果是否如愿。综合来看，正确应对挫折主要有以下四个优点。

1. 有利身心健康。挫折会带来心理、生理方面的负面影响，如果不能正确应对，会引发一系列的心理、生理方面的疾病。生活中经常会有这样的例子：某人在遭遇天灾人祸或家庭变故、事业受挫后一蹶不振，身体状况也每况愈下，最后郁郁而终。这说明挫折会通过心理影响到身体健康，对于人生中突如其来的挫折，如果不能正确地应对处理，往往会给身体带来严重的伤害。对于罪犯来说，若长期处于压抑状态，可能会引发或加重生理病症，还可能会引发抑郁症等精神疾病。

2. 促进服刑改造。 挫折应对得当,必然会给服刑改造带来积极帮助。许多罪犯在被捕前对社会、对自己有些不切实际的想法,当他们用这些想法来指导自己行动时,就容易产生挫折。入狱服刑无疑给他们带来反思和反省的机会,从而增强其适应生活的能力。挫折会使他们不得不对自己过去的错误行为及想法进行检讨,磨平傲气,为人做事更谨慎低调,这对在监狱服刑改造的罪犯会有巨大的帮助。反之,如果不能改掉过往的陋习、恶习,则会造成罪犯改造路途的坎坷。

3. 化解风险危机。 正确应对挫折可以有效地化解危机,挫折与危机往往是并存的,挫折处理得不好就会引发危机,所以,有效地处理好挫折,就可以化解危机。例如,罪犯在服刑过程中受到挫折,调节得不好,有可能会产生厌世轻生的想法,从而导致自伤自残的行为发生。如果通过合理的方式、适当的方法调节好自己的心态,正确地看待挫折,就能避免自残、自杀行为的发生。

【故事】

三只青蛙

三只青蛙一同掉进了一个盛着鲜奶的木桶里,桶里还有为数不多的牛奶,但足以让青蛙们体验到什么是灭顶之灾。

第一只青蛙想,这是上帝的旨意。于是它干脆闭上眼睛,缩起后腿,一动不动。第二只青蛙,几次试图跳出去,可桶是那么结实,无论怎样努力都无济于事,还是放弃吧。第三只青蛙,并没有放弃和沮丧,而是不断地告诉自己,上帝给了我坚强的意志、发达的肌肉,我一定能跳出去。它每时每刻都在鼓足勇气、鼓足力量,一次又一次地奋起、跳跃,生命的力量与美展现在它每一次的战斗和搏击里。最终第三只青蛙通过自己的努力逃出生天,而另外两只青蛙都死在了木桶里。

4. **提升个人境界。**正确应对挫折能增强解决问题的实际能力。在克服困难和对付挫折的过程中,可以学到经验和方法。挫折的发生往往会唤起斗志,激发进取心。在复杂的现实生活中,成功和失败并不是绝对的,两者之间仅仅一步之遥,此时的失败可能连着彼时的成功,如果拒绝了失败,实际上也就拒绝了成功。因此,每一次挫折的洗礼,会激发我们去懂得为人处世之道,掌握经纬世事之术,不断深化和提高对自我的认识,特别是对自我的错误与缺点的认识,在思想和行为上走向成熟。就如同罪犯在监狱改造的过程中遭受挫折,但是不放弃希望,不自暴自弃,反而将挫折当成动力,更加踏实努力地改造,最终改变了自己,获得了成长,提升了境界。

【知识链接】

抗挫折心理小测试

1. 在过去的一年中,你自认为遭受挫折的次数为(　　)。

A. 0~2次　　　　B. 3~4次　　　　C. 5次以上

2. 你每次遇到挫折,(　　)。

A. 大部分都能自己解决

B. 有一部分能解决

C. 大部分解决不了

3. 你对自己才华和能力的自信程度为( )。

A. 十分自信　　B. 比较自信　　C. 不太自信

4. 你对问题经常采用的方法是( )。

A. 知难而进　　B. 找人帮助　　C. 放弃目标

5. 有非常令人担心的事时,你( )。

A. 无法改造

B. 改造照样不误

C. 介于A、B之间

6. 碰到讨厌的人时,你( )。

A. 无法应付

B. 应付自如

C. 介于A、B之间

7. 面临失败时,你( )。

A. 破罐破摔

B. 使失败转化为成功

C. 介于A、B之间

8. 改造进展不快时,你( )。

A. 焦躁万分

B. 冷静地想办法

C. 介于A、B之间

9. 碰到难题时,你( )。

A. 失去自信

B. 为解决问题而动脑筋

C. 介于A、B之间

10. 改造中感到疲劳时,你(　　)。

A. 总是想着疲劳,脑子不好使了

B. 休息一段时间,就忘了疲劳

C. 介于A、B之间

11. 改造环境不适应时,你(　　)。

A. 无法完成任务

B. 能克服困难干好工作

C. 介于A、B之间

12. 产生自卑感时,你(　　)。

A. 不想再干工作

B. 立即振奋精神去干工作

C. 介于A、B之间

13. 警察给了你很难完成的任务时,你会(　　)。

A. 顶回去了事　　B. 千方百计干好　　C. 介于A、B之间

14. 困难落到自己头上时,你(　　)。

A. 厌恶之极　　B. 认为是个锻炼　　C. 介于A、B之间

评分分析:

1~4题,选择A、B、C分别得2、1、0分;

5~14题,选择A、B、C分别得0、2、1分。

19分以上:说明你的抗挫折能力很强。

9~18分:说明你虽有一定的抗挫折能力,但对某些挫折的抵抗力薄弱。

8分以下:说明你的抗挫折能力很弱。

二、应对挫折的基本方法

挫折应对能力的强弱很大程度上取决于是否掌握正确应对挫折的方法。面对现实,从容应对是比较成熟、理智的方法之一。所以面对随时随地可能发生的挫折,将它看作是正常的事情,没什么大不了,并通过正确的应对方法将坏事变好事,对罪犯来说就显得尤为重要。

1. 情感倾诉。倾诉本身是一种情绪释放过程,通过将不良情绪逐渐排解宣泄,因挫折引发的不适感便会逐渐减轻。向他人倾诉自己遭遇的挫折,可以降低挫折体验,达到改善心理状态的效果。

罪犯可以在亲人来探望时向其倾诉,或通过书信形式向亲人或朋友等倾诉。另外,还可以向身边的其他罪犯倾诉,但是在遭受挫折后,多向警察寻求帮助应该成为化解挫折的主要途径,即便是在遭受到警察处罚引发挫折时,这是因为监狱人民警察的主要职责就是教育改造罪犯。因此,在遇到困境时,不要害怕警察会看不起你、批评你,只有大胆地向警察倾诉你内心的真实想法,才能获得收获,也才能便于警察提供合适的教育。如果对心里的想法遮遮掩掩,则会使倾诉效果大打折扣。

2. 自我调节。罪犯自我调节的主要方式有以下三点:一是转移注意力,设法将心情平静下来或快乐起来,以覆盖因挫折引发的内心不适感。比如哼哼歌、跑跑步,将注意力稍加转移。对罪犯来说,处在监狱这一封闭的环境中,转移注意力的手段往往比较缺乏,但还是有一定渠道的。可以通过文化学习、钻研劳动技能等手段来转移注意力,应对挫折。二是看身边其他罪犯的真实经历,因为身份相同,往往遇到的挫折也会有所相似,从其他罪犯的经历中获得启发,给自己积极的心理暗示:为什么同样的问题,他能处理好,我不可以呢?向其他罪犯虚心请教,从而应对好挫折。三是阅读名人传记,并从中获得启示,帮助自己更好地应对当前遇到的挫折与难题。

3. 情感支持。每个人都有与他人相处并获得支持的期待,在这种期待的基础上产生的动机就是亲和动机,它是人类所特有的重要动机,得不到满足,人的心理健康就会受到严重损害。情感支持就是运用亲和动机理论,满足亲和需要,用爱的力量重塑罪犯道德和人性。

感情的安抚、慰藉对于缓解罪犯的挫折感有良好作用。罪犯通过接受亲人朋友的情感关怀,感受到温暖,有助于调整心态,应对挫折。罪犯周某服刑前是一家之主,妻子孩子都很尊敬他,他在家的地位也很高,但是时间久了他对家人就渐渐变得不冷不热,甚至经常恶语相向。罪犯来到监狱改造后,家人对其不离不弃,每个月都千里迢迢地来监狱看他,鼓励他好好改造,早日回家,周某在家人的情感感召下,流下了悔恨的眼泪,对自己过往的行为悔恨不已,此后他努力改造,获得减刑,回归了家庭。

三、应对挫折的专业技术

人在受到挫折后,会产生意识矛盾冲突和心理不稳定状态,引起不同形式的挫折心理反应,除了采用上面的基本方法外,还可以采取以下的专业技术进行应对。

1. 投射。指把自己所不喜欢或不能接受的性格、态度、动机或欲望,转移到外部世界或他人身上,在无意识中减轻自己的内疚、压力、焦虑和不安。如待人尖刻刁钻的人,往往觉得别人不怀好意;想占公家便宜的人,也相信别人都在占公家的便宜。这种投射作用是一种以小人之心度君子之腹的防卫机制。罪犯在遇到挫折时,也可以使用这一方法进行应对、化解。比如罪犯王某初入监时,不能适应监狱的环境,感觉到处处碰壁,举步维艰,又因不小心触犯了监规纪律,受到了警察的处理,心里感觉很不是滋味,想好好改造的决心产生了动摇。这时他就可以使用投射的方式解决这一问题。试想,监狱所有的罪犯不都是和自己一样在服刑吗?都处在一个环境里,面对一样的人,做着一样的事,别人不也是这么过来的吗?给自己这样的心理暗示,慢慢地就能像其他罪犯一样,适应监狱的环境,解决眼前的难题。

2. 补偿。指在实现目标过程中受到挫折,或由于自身的某种缺陷而达不到既定目标时,以其他可能达到成功的活动或自己的特长来代替,通过新的满足来弥补原有欲望得不到满足或目标达不到所带来的痛苦。如有些学生学习成绩不好,但社会活动能力很强,同样可得到一种心理上的平衡和满足感。

补偿可分为消极性补偿与积极性补偿。消极性补偿是指个体所用来弥补缺陷的方法不仅没有带来帮助,有时甚至还会带来更大的伤害。一个想减肥的人,一遇到不如意的事,就以暴饮暴食来减轻其受挫感,这种方式万万不可取。积极性补偿是指以合宜的方法来弥补其缺陷。比如一个相貌平庸的女学生,致力于学问上的追求,而赢得别人的重视。

罪犯服刑过程中会失去很多东西,这会给罪犯带来损失挫折,使其感到沮丧难受。面对这种挫折,可以通过其他的方式对自己的心理进行补偿,从而带来心理的平衡。比如通过努力劳动,获得警察及其他罪犯的尊重及认同,又或是通过获得法律奖励等改造成绩获得心理的满足等。

3. 认同。认同是指一个人在受到挫折后,效仿他人获得成功的经验和方法,使自己的思想、目标和言行更适应环境的要求,以消除个体在现实生活中因无法获得成功或满足而产生的焦虑。就定义来说,认同可借由心理上分享他人的成功,为个人带来不易得到的满足或增强个人的自信。例如一位物理系学生留了胡子,是因为他十分仰慕系中一位名教授,而该教授的"注册商标"就是他很有性格的胡子,此学生以留胡子的方式表达对教授的认同。

罪犯的正确认同应该是对监狱警察以及积极改造罪犯的认同。警察是直接管理罪犯的人员,尊重警察,接受警察,学习为人处世的方法,都能使罪犯更好地应对遇到的挫折;同样,积极改造的罪犯往往有他们的闪光点,并且他们当下所处的环境一样,对积极改造罪犯的认同则更有参考和借鉴的价值。

4. 文饰。指当人们的行为未达到目标,或不符合社会规范时,为了减少或免除因挫折而产生的焦虑和痛苦,寻找种种理由或值得原谅的借口替自己辩护。文饰作用是人们在日常生活中使用最多的一种心理防卫机制,通常的表现方式是"酸葡萄心理"和"甜柠檬心理"。前者是指希望达到的某种目的未能实现时,便否认该目的所具有的价值和意义。如某人想当官却未当成,便说官场黑暗;

娶不到漂亮的老婆,就说漂亮的女人"红颜祸水",而"丑妻在家使人放心"。后者是甜柠檬心理,是指所希望的目的未达成时,便认为自己现在所拥有的东西都是好的。罪犯遇到挫折时,也可以运用文饰的处理方法,给自己一个借口,比如:"本来这件事情是我有错在先,警察对其他罪犯也都进行了处理,我何必因此事和警察闹得不开心呢?得不偿失。"通过这种文饰的处理方式,运用好酸葡萄心理或甜柠檬心理,退一步海阔天空,是罪犯应该学会的应对挫折的方式。

5. 升华。升华是指把不被社会所允许和接纳的动机和行为,导向具有建设性、比较崇高的方向,使之符合社会规范和时代要求,能为社会或他人所接纳。遇到困难,不但不灰心丧气,反而把它看成是前进的力量,不干出成绩来誓不罢休。古往今来,不乏成功运用的案例。升华是一种积极的替代,能起到积极的防卫作用。例如一个人提职未成,转而潜心学术研究,取得突出成果。司马迁为抗敌的将军说了句公道话,遭受了宫刑,但他并未自卑自弃,而是将遭受的屈辱转化为创作的巨大动力,发愤写出了《史记》这一不朽巨著,后人评价《史记》为"史家之绝唱,无韵之离骚"。

罪犯赵某入监改造两年多,希望通过自己的努力获得减刑,早日回家,但由于违规违纪,本能减刑的他未能如愿。他在警察的教育和帮助下,走出了失落和沮丧,并且通过自身原有的技术基础,发明了一项专利,不久后获得减刑,并且因有立功表现,减刑的幅度还比之前增加了一些。所以罪犯在遭遇挫折时,要换个角度思考,给自己树立更高的目标,通过努力获得成功,再回头看看,之前的挫折根本就算不了什么。

升华法是应对挫折最为出色的方法,它可以将人生的价值提升到一个新高度。罪犯唯有勇敢面对挫折,制定崇高的目标,选择坚强的人生态度,才能顺利度过改造生涯。

【故事】

一天,农夫的驴子不小心掉进了一口枯井。农夫没办法将驴子救出,只得找了几个人帮忙铲土把驴子埋掉。一开始,驴子悲哀地鸣叫着,但很快就没有了声音。农夫过去一看,让他大吃一惊的是,每一铲土下去,驴子都迅速地把它抖掉,并且都垫到了脚下。很快,驴子便走出了枯井。

如果人生遭遇了挫折,那不是命运不公,而是成功对勇敢者的考验!如果失败来到了面前,那不是希望的消失,而是胜利向有志者发出的呼唤!同样是遇到挫折,有的人将其视为绊脚石,而有的人则将其视为登攀的垫脚石,由此酿就了两种不同的人生。

第三节　常见挫折处理技巧

罪犯是一类特殊的群体。大多数人在进入监狱前性格狂放、行为不羁、我行我素,遇到问题多采取暴力手段解决,形成了既定的走极端的思维定式和行为定式,缺乏对困难、挫折的正确认识。在遇见挫折时,会表现出容忍力差、处理方法单一等偏差,极易造成新的矛盾和困难,影响服刑改造。因此,针对罪犯出现的不同类型的挫折,采取行之有效的方法是十分必要的。

一、对角色冲突引发的挫折处理技巧

角色冲突是指个人面对多种角色期盼时,可能扮演好某一种角色,但却无法同时扮演好另一角色,因而造成矛盾。这种情况在生活中并不少见,只是由于程度不同,所以有些人并没有在意。举个很简单的例子:张某,一家公司主管,拥有一个三口之家,由于工作原因需要离开当地担任厂长。他作为丈夫和父亲的角色期待与他作为公司主管的角色期待就发生了矛盾。

罪犯投入监狱后面临激烈的角色转换冲突,容易出现两种情况:一是丧失自我。面对来自刑罚的惩罚、监规的约束,有人失去心理平衡,悲观失望,恐惧焦虑,无法适应监狱的环境。另外一种是拒绝改变,不承认身份的变化,还像原来在社会上那样去行事,按照过去的思维方式处理问题,言行与所处的改造环境格格不入,对别人抱有敌意,无法投入到正常的改造生活中去,常常处于被动和孤立的状态,长时间下去,势必耽误改造进程。面对角色冲突带来的挫折,罪犯可以通过以下三个方法解决。

1. 重塑心态。心态是决定人们思维模式和行为方式的一种心理状态。罪犯违法犯罪,入监服刑,很大一部分就是因为面对问题,总是抱着消极的心态,继而影响想法、行为,最终导致锒铛入狱。重塑心态首先要将消极心态调整为积极心态,其次要改变原有错误的心态,最终重新建立起健康的心态。这样人生才能充满希望,也才能够顺利地完成改造任务。

罪犯可以通过以下方式来改变自己的不良心态。一是阅读。阅读帮助人集中精力,平静内心,同时还可以让人从书籍中获得知识,汲取他人的宝贵经验,对罪犯调整、重塑心态有较大帮助。二是静思。和阅读一样,静思也是调整心态情绪的重要方法。静即安静,要求环境安静以及内心平静。思主要指反思,罪犯要善于内省,反思自己,发现自身心态存在的问题。三是效仿。罪犯在改造中要善于发现并学习榜样,多注意改造较好的罪犯的改造心态及应对事情的方法,并学习模仿,这样一定有助于重塑心态,走好改造道路。

2. 远离抱怨。 抱怨是最消耗能量的无益之举,抱怨也是失败的借口,常常会带来混乱的人际关系和挫败的自我,就像拿烟头烫破一个气球,让自己和别人都泄气。抱怨就等同于往自己鞋子里倒水,让人生之路更艰难,也等于是给自己设置障碍。只有远离抱怨,才能将改造路上的障碍移开,踏上撒满鲜花的人生旅途。

罪犯远离抱怨要做到两个方面。一方面是克制自己抱怨,虽然很多人在遭遇困境时都喜欢抱怨,但罪犯应该认识到抱怨对于困难毫无帮助,反而会使自己心情沮丧,困境加剧。另一方面是抵触他人抱怨,经常有这样的罪犯,他们每天唉声叹气,感慨社会的不公,感慨境遇的艰难,心态非常消极,总是传播负能量的东西。相信大家都不会喜欢这样的人,而且在这样的人身边待久了,不自觉地会被他影响,心情也会随之变坏。

【小故事】

小和尚的故事

相传有个寺院的住持,给众僧立下一个特别的规矩,每到年底,寺里的和尚都要对住持说两个字。第一年年底,小和尚说:床硬。第二年年底,小和尚说:食劣。第三年年底,小和尚没等住持发问,就说:告辞。住持望着小和尚的背影,自言自语道:心中有魔,难成正果,可惜!可惜!

3. 改变认知。通常人们会认为,人的情绪反应是直接由诱发性事件 A 引起的。比如某罪犯之所以愤怒,可能是因为没有获得减刑的机会。情绪 ABC 理论认为,诱发性事件 A 只是引发情绪和行为后果 C 的间接原因,而人们对事件的看法 B 才是引起情绪和行为反应的最直接原因。改变认知就能改变情绪。有时候痛苦是无法避免的,但可以通过改变思维方式来改变对痛苦事件的认知,从而降低事件造成的痛苦程度并减少持续时间。积极的情绪来源于你的思维,换个想法,就能换种心情。同样是半杯水,如果想法是"只剩下半杯水了",自然情绪低落,但若想法变成"还有半杯水",心情自然会好很多。

改变认知主要是要改变以下三种错误认知:一是绝对化要求认知,表现为"必须""应该"或"一定要"等等,例如"我必须成功,别人应该对我好,我一定要减刑"等;二是过分概括化认知,是一种以偏概全的思想,例如一次失败就会认为自己一无是处,亲人一次不来探监就会认为"他们不要我"了;三是糟糕至极认知,认为如果一切不好的事情发生,那就是非常糟糕和可怕的,例如"我进监狱,一切都完了""这次没有减刑,前途无望了"这些不合理信念会让人自卑,进而一蹶不振。

二、对需求受限引发的挫折的处理技巧

需求受限是指由于各种原因而造成个体的需要无法得到满足。人生中的许多挫折都是因为需求未能获得满足而引起,对罪犯来说也是如此。比如,想吃肉却只有白菜,想睡单间大床却只能住在十几个人一间的监舍内,想穿新潮的衣服却只能穿囚服。上述需求一旦未能满足,便会引发挫折。

罪犯需求受限挫折的应对,主要应从三方面入手。

1. 坦然面对。挫折是人们生活的组成部分,是客观存在的,因此,罪犯应做好面对挫折的充分的心理准备。这样一旦遇到挫折,就不会惊慌失措,痛苦绝望,而能够正视现实,敢于面对挫折的挑战。

罪犯面对高墙电网、监规约束,首先应坦然面对罪犯身份。要认识到自己是因为违法犯罪,给社会、他人带来损失,才成为一名罪犯的。更深层次理解,这一切皆是因自己而起。其次要坦然面对改造环境,正是因为自己的罪犯身份,才来到监狱这样管理严格的物质环境及管教环境中,只有抱着既来之则安之的良好心态,才能保障改造顺利进行。最后坦然面对监规纪律,监规纪律是对罪犯的统一要求,每名罪犯都必须遵守。如果仅仅是表面的假装顺从,而没有行为上的配合遵守,便会因违反监规纪律遭受警官处罚,而引发更多挫折。

2. 调整预期。预期即预先设定的在一定时间内要达到的目标或目的。合理的预期即指预期的目标要具有合理性。

预期的合理性包括:(1)要合乎法理,比如余刑还有5年,现在设定1年内即获释回家,这在目前的法理上就难以达到。因为无论有多么重大的立功表现,这样的设定都缺少法理支撑。(2)要合乎情理,即合乎事物内部具有的运行逻辑。比如一个星期内争取到流水线线长岗位。在现有的流水线线长工作正常,警察对流水线线长岗位也没有调整意向的情况下,这种目标设定得显然不够合理,此目标当然也就不能实现。因此,在预期无法达到时,我们要调整预期,使其达到合理的程度。这个合理性通常是指做出适当努力,目标即能够实现。这里需要注意的是,如果做出一般努力就能实现目标,则这种预期就没有多大价值。而做出不计成本的努力将预期予以实现,这往往不具有经济价值。显然,做出适当努力将目标实现的预期,具有较高的性价比。

3. 自我安慰。在监狱服刑,必然会导致多种需求受到限制,譬如求自由而不得,求亲情而难得,求尊重而少得,这些难免会给罪犯带来或大或小的挫折。面对这种挫折时,罪犯可以适当地对自己进行自我安慰,来减轻化解挫折带来的不适与痛苦。

罪犯自我安慰可以运用上文中提到的挫折的专业应对技术中的投射和补偿两种方式。首先是投射。罪犯因违规违纪受到监规纪律的处理,受到警察的处罚,内心感到十分郁闷,觉得自己改造路上困难重重时,不妨看一看身边你认为改造成绩好的罪犯,想想他们有没有发生过类似的情况。我相信,答案一定是肯定的。那么连你认为改造得比较好、改造生涯比较顺利的其他罪犯都有过这种情况,那么你又有什么好痛苦、难过的呢?通过这种自我暗示,罪犯就能克服困难,化解挫折,使改造之路向好的方向发展。其次是补偿。如罪犯在获得法律奖励的时候遭到挫折，未能如愿减刑，但通过与家人联系，得知自己的孩子考上了很好的大学，又或者积极努力改造获得警察的表扬与肯定，这些好事情可以冲淡罪犯减刑失败带来的挫折和痛苦，解决眼前的困难。

三、对家庭变故引发的挫折的处理技巧

家庭变故是指在家庭生活中发生的重大变化，甚至遭受的巨大不幸。家庭是建立在血缘联系、经济联系和感情联系等特殊联系基础上的。罪犯通常对家庭的心理依赖很重。犯罪后，常常会引发一系列的婚姻家庭问题，如果再发生类似配偶离异的家庭变故，必然会给罪犯当头一棒。罪犯由于处于特殊环境下，会倍加痛苦、悲观。亲情是维系监狱内外的纽带，一旦这条纽带发生问题，那么罪犯的心理也会随之发生问题，轻则精神恍惚、悲观失望，重则情绪偏激、厌世轻生。罪犯常见的家庭变故主要包括夫妻离异、家人生病或离世、家庭遭遇自然或人为灾害。

那么罪犯应该如何正确应对在服刑过程中出现的家庭变故呢？

1. 分散注意力。罪犯在遇到家庭变故的挫折时，可以将注意力转移到一个使自己忙碌起来、获得成就感的事情中去。通过这种方法，可以有效地应对家庭变故所带来的挫折。

罪犯可以参考以下两种方式分散注意。一是写作。写作可以集中注意力，并且可以将情绪宣泄到文字中去，从而达到化解内心

苦闷的效果,并且写出的作品如果通过投稿等方式得到他人认可,可以获得成就感与自豪感。二是钻研劳动技能。人活于世需有一技傍身,监狱给罪犯提供了学习生存技能的机会。钻研劳动技能可以转移家庭变故罪犯的注意力,同时能为其刑满后的生活提供一定的技术保障。当然分散注意力的方法因人而异,适合自己的才是最实用的,这需要罪犯发现自己的兴趣所在。

2. 合理宣泄。罪犯一旦遭遇家庭变故,可能产生种种异常情绪,尤其是焦虑、恐惧感增加,沉默寡言,平时改造时思想很难集中等。积累的负面情绪有时候就像个充气的气球,会越充越大,最终可能会气球爆炸,情绪崩溃。因此,不要过度压抑负面情绪,而要适当地宣泄,定时清理负面情绪。

向他人倾诉是其中的第一种方法,在诉说过程中痛苦、抑郁就可能减少了一半;第二种是积极参加监狱组织的文娱活动,活动中罪犯既可以宣泄情绪,又提升了文化素养;第三种是采用哭的方式,将悲哀一哭了之,流泪中消极情绪会随着身体里毒素的排除一起排出。

3. 放松训练。人的心情反应包括情绪和躯体两部分,如果改变躯体的反应,情绪也会随着改变。放松训练主要有以下三种:一是深呼吸放松,当呼气时把注意力放在双肩,这样双肩便会随着呼气而放松,从而带动全身放松。吸气时,引导自己鼓起腹部,呼气时也有意使腹部缓缓地收起来,越慢越好。二是肌肉放松,有意识地去感觉肌肉群的紧张和放松,从而达到放松的目的。三是冥想放松,冥想是有意识地把注意力集中在某一点或某一想法上,通过长时间反复练习,使大脑进入更深层的意识状态,从而达到心情放松的效果。

通过上述的放松训练,来减轻自己紧张焦虑的情绪,从而改善家庭变故带来的沮丧心态,这是处理好家庭变故挫折的重要途径之一。

四、对改造受阻引发的挫折的处理技巧

服刑改造必定不会一帆风顺,遭遇坎坷在所难免,这些坎坷都是罪犯改造过程中的阻力,克服这些阻力,改造之路会越走越宽,而被这些阻力打败,则会引发严重的后果,这就是改造受阻而引发的挫折。其中,获得法律奖励受阻最受罪犯关注,也最有可能给罪犯带来挫折。还有诸如获得物质奖励受阻、提升处遇级别受阻等,也都会给罪犯带来或大或小的挫折。

应对改造受阻挫折,可以采用以下策略:

1. 接受现实。作为罪犯要认识到,遇到改造受阻应平静接受。浮躁盲动、举止冲动皆于事无补,甚至会起到相反的作用。

首先在法律奖励受阻时,要接受现实。罪犯要树立法律奖励是奖励不是权利,只有努力改造才可能获得法律奖励,而不是只要努力改造就能获得法律奖励这种正确观念,这样在未如愿获得法律奖励时,才能更好地接受现实,再接再厉。其次是在提升处遇受阻时,要接受现实。罪犯要意识到处遇级别是随着改造表现的变化而变化的,如果未能达到希望的处遇级别,那一定是罪犯自身的改造表现还不够优秀。面对其他所有的改造受阻挫折时都是一样的道理,只有先接受现实,才能更好地迎接明天,迈向

未来。

2. 寻求帮助。在遇到改造上的阻力时,罪犯往往迫切地需要亲情、友情、爱情等方面的情感来支持自己,帮助自己渡过难关、克服阻力、化解挫折。这时作为情感支持的几大主体人群就是罪犯寻求帮助的对象。

首先就是来自家庭、亲人的情感支持。罪犯遭遇到改造中的困难时,首先应该寻求亲人的帮助。相信亲人一定希望罪犯可以改造自我、重获新生,会伸出亲情的手,温暖罪犯的心灵,通过亲情的感化使罪犯摆脱改造中的困境。其次寻求监狱警察的帮助。警察在罪犯遭遇改造的困难与崎岖时,因改造罪犯与维护监狱安全稳定的职责使命,定会伸出援助之手,通过自己的经验与能力,帮助罪犯应对好改造中的阻力。最后,则是寻求其他罪犯的帮助。在监狱,罪犯之间的关系说简单也简单,说复杂也复杂,但毕竟是朝夕相处的人,罪犯之间一定会产生友情,在遇到困难时,可以找关系好的罪犯寻求帮助。

3. 坚定信念。挫折不可怕,可怕的是人的内心。当你的内心强大时,任何挫折都不会打倒你;但如果你的内心怯弱,即使是一点点的挫折也能使你万劫不复。所以要正确面对挫折,坚定信念,使自己成为一个勇于担当、安之若素的勇者。

罪犯面对改造受阻首先要坚定改造信念,服刑的主要任务即改造,所以罪犯应坚定信念,围绕改造目标的实现不懈努力,做到时时想着改造,让改造成功的梦想早日实现。然后要抵制不正之风,有不少罪犯抱着投机的心理参与改造,并且通过语言、行为等方式影响其他罪犯的改造。对于这种错误思想,要不为所动,坚决抵制，坚定内心。最后要加强理论学习，学习模范、典型以及前人经验，可以使罪犯明是非、辨对错，内心更加强大，对正确的改造信念也更加地坚定。

五、对关系紧张引发的挫折的处理技巧

监狱环境具有特殊性，人员密度大，关系复杂，既有监管与被监管的关系，又有罪犯之间平等相处的关系等。罪犯生活在这个相对封闭和狭小的圈子里，低头不见抬头见，人与人之间的各种摩擦都会被无限地放大。不良的人际关系是导致罪犯产生挫折以及孤独、自卑等心理问题的重要原因之一。而良好的人际关系是维持个体心理平衡和个性正常发展的重要条件。

罪犯面对人际关系紧张引发的挫折时应该从根源上解决。处理好了人际关系，其带来的挫折自然迎刃而解。通过以下三种方法可以有效地解决人际关系紧张带来的挫折。

1. 换位思考。 人际关系中的矛盾常常是由看问题的角度、观念不一致等原因导致的。从不同角度观察同一件事情，常常会得出不同的结论，并会由此导致意见分歧。换位思考即换一个位置，站在对方的角度对同一件事情进行思考，使用这样的方法进行人际交往，可以有效地避免很多不必要的人际关系的紧张与冲突。

罪犯在服刑过程中遇到关系紧张带来的挫折，要注意站在家人、其他罪犯、警察角度进行分析。通过换位思考，就能准确体会对方真实的意图，有助于查找出问题的症结，将问题妥善解决，使

矛盾得以消除。换位思考的前提是接受差异,所以罪犯首先要认识到人与人是不同的,存在差异很正常,要接受每个人观念、行为上的差异。其次,要学会认同(上文中所提到的专业应对挫折的技术中也有提及)。认同也是一种换位思考。最后,要学会共情,就是要感他人所感、想他人所想、急他人所急,这样就能够对他人的境况感同身受,帮助化解人际关系紧张带来的挫折。

2. 反求诸己。即向内查找原因,查找出自身行为的不当之处,并加以纠正。面对矛盾,改变自己,可以起到"化干戈为玉帛"之功效。在服刑过程中,善于反求诸己不失为缓解矛盾、化解挫折的一条有效捷径。

罪犯在面对关系紧张引发的挫折时,首先要反思自己的思想。思想是行动的指南。如许多罪犯自我中心意识严重,认为自己永远是对的,发生矛盾都是别人的问题。这种思想是不可取的。罪犯要通过反思自己,发现错误的思想并改变它。其次是反思自己的行为。罪犯应该学会遇到冲突与矛盾多从自己身上寻找原因,反思自己的行为是否嚣张跋扈,有没有不尊重他人等。最后要反思自己的语言。言语冲突往往是矛盾发生或扩大的导火索。罪犯要反思在人际交往中,是否有侮辱性的语言,措辞是否得当,是否刺激到别人。久而久之,养成善于反思自我的良好习惯,也就为后面的改造甚至人生之路做出了良好的铺垫。

3. 真诚主动。熟悉并遵循人际关系处理的一般技巧,对正确处理人际关系至关重要。真诚是打开别人心灵的"金钥匙",另外,主动对人示好,主动表达善意,能使对方产生受重视的感觉。

罪犯一方面要对警察真诚主动,监狱警察肩负改造罪犯的重任,罪犯要相信警察,相信政府,以一颗真诚主动的心去接受警察的管理与教育。遇到问题主动向警察汇报、求教,相信警察一定会给予你力所能及的帮助,因为这也是他们工作的意义。另一方面,罪犯要选择性地对其他罪犯真诚主动,罪犯相互之间能够互相信任、互相帮助无疑会给改造提供巨大的助力。找到可以信任的其他罪犯,和他们一起进步,这需要罪犯以真心去发现,去交往,去经营。

人正是在不断克服困难、战胜挫折的过程中取得进步和成功的。挫折并不可怕,可怕的是对挫折的畏惧和退缩。在挫折中迎难而上,理智地分析,以乐观的态度、正确的方法战胜挫折,那么挫折就会成为人生中的宝贵财富。

【警官寄语】

寄语1:人生总会遇到一些难以预见的挫折。面对挫折,关键是看自己怎样去面对。是退缩不前,还是迎难而上?若选择前者,就会消极地沉寂在挫折带来的苦难中,被风浪淹没;若选择后者,与挫折抗争,那么,风浪过后就会迎来美丽的彩虹。

寄语2:古今中外,有哪一位伟人没有经历过挫折?不经历挫折,怎能取得成功?不经历风雨,怎能看到绚丽的彩虹?彩虹的美丽,必以风雨铺垫。人生的完美,必以挫折奠基。向挫折微笑,必能收获成功的喜悦。

寄语3:遭遇挫折,就当它是一阵清风,让它从你耳边轻轻吹过;遭遇挫折,就当它为一道微不足道的小浪,不要让它在你心中激起惊涛骇浪;遭遇挫折,就当痛苦是你眼中的一颗尘粒,眨一下眼,流一滴泪,就足以将它淹没。

寄语4：正视挫折是强者的气概！只有敢于面对挫折，敢于迎接挑战，我们才能飞得更高，才能肩负起身上的重任。让我们鼓起勇气，挺起胸膛去撞击成功的大门吧！

【学、思、写】

1. 结合亲身经历，谈谈你在生活中遭遇挫折时会采取什么方法应对。

2. 讨论：请写出近一年来遇到的对自己影响最大的3次挫折，并标明当时的反应方式，然后按反应强度和持续时间长短排序，客观分析这些反应方式在应对挫折时的积极和消极影响，探讨个人应对挫折的最佳方式。

📢 **导读**：监狱是个特殊社会，处好人际关系有助于罪犯形成客观的自我认知，获取支持，平稳改造。不良的人际关系，轻则产生人际压力，引发心理问题，重则导致人际冲突，甚至发生恶性事件，破坏监管秩序。

第六单元　处好人际关系

美国哈佛医学院的一项持续75年的跟踪调查认为：真正能使人们生活快乐的并不是财富和名利，而是良好的人际关系。在中国的文化背景下，人际关系显得尤为重要。那么，如何才能在服刑期间建立和维护积极、健康、融洽的人际关系，为自己和其他罪犯的改造营造良好的环境氛围呢？首先我们要了解人际关系。

第一节　了解人际关系

"没有交际能力的人，就像陆地上的船，永远到不了人生的大海。"国外有人对失业人员进行统计，发现90%的人之所以失业，并不是不能胜任工作，而是人际关系处理不好。

一、什么是人际关系

"人际关系"这个词，由美国哈佛大学教授梅奥创立。他从霍桑实验中发现,要想提高霍桑工厂工人们的生产效率,改变照明、工资报酬、工间休息时间、每日工作长度和每周工作天数等因素,对于生产效益并没有直接影响。反而在专家们持续找工人谈话两万余人次,耐心听取工人对管理的意见和抱怨之后,霍桑工厂的产量大大提高。当工厂监督与控制的方法发生改变,工人们得到管理者和专家的重视,工厂的人际关系得到改善,工人的工作态度变得积极,效率自然大幅提高。所谓人际关系是指人与人之间心理上的关系和心理上的距离,包括亲属关系、朋友关系、同学关系、师生关系、雇佣关系、战友关系、同事关系等。与我们相关的人际关系,一般分布在三种情境下。

1. 萍水相逢的陌生关系。 指的就是诸如外卖员、快递员、保安,或者一些我们经常接触却毫不了解的人。对于这种关系,我们没必要刻意维持,顺其自然就行。见面打打招呼,或者停下来友善地寒暄一两句,基本已经满足了彼此的交往需求。除非对方恶意得罪你,否则也不能摆臭脸去对待。

2. 一对一的互动式关系。 应该是日常生活中最常见的一种人际交往情境,比如恋人关系、朋友关系、同事关系等。由陌生到认识,从疏远到亲密,往往需要在一对一的互动过程中,获取彼此信息,递增积累情感,才能把关系稳固下来。这个互动,包含了聊天交流、接触见面,甚至相处期间情感和利益的适当付出、牺牲的行为。例如主动请对方吃饭,偶尔问候一下对方的近况,间或大家约出来一起聚会玩耍,或者两人一同参与某些活动等,都能够增进彼此的关系。有时还需要经历和面对很多复杂的问题,才能够对彼此的关系有正确的认识。

3. 身处群体中的角色关系。入狱后,你的社会角色和身份发生了改变,所处的群体也发生了改变。在监狱这个特殊的环境中,如何处理好与警察的关系、与其他罪犯的关系,是不得不面对的难题。首先你必须具备一定的自身价值,如果没有,至少要表现出勤奋好学的干劲,默默做好自己本分的事情。其次,还要花些心思和技巧,比如见到警官、其他罪犯主动问好,热情微笑打招呼,真诚地去对待他人。最后,要主动沟通,让别人了解你,避免私底下拉帮结派,不要过多议论群体中其他人的不是,否则,这些话很容易会传到他人的耳中,使彼此关系更加恶劣。人际关系将在完成一次次社交任务的过程中与日俱增。

人际关系通常可用心理距离来描述,心理距离又可用人与人之间的空间距离来衡量。美国人类体语学家霍尔教授研究发现:人际关系不同,交往时人际空间距离也不同。一般来说,人际距离越近,人际关系越亲近;相反,人际距离越远,人际关系越疏远。罪犯可以根据自己与他人的关系来决定交往距离,以加强亲密感,避免反感,既互相关心,又有各自独立的空间。

【知识链接】

距离产生美

俗话说"距离产生美",人与人靠得太近,往往就看不到对方的全貌了,就像我们照镜子时,靠得太近的话,就只能看清自己的某一个局部。生物学家曾做过一个实验:冬季的一天,把十几只刺猬放到户外空地上。这些刺猬被冻得浑身发抖,为了取暖紧紧地靠在一起,而相互靠拢后,它们身上的长刺又把同伴刺疼,很快就分开了。但寒冷又迫使大家再次围拢,疼痛又迫使大家再次分离。如此反复多次，它们终于找到了一个合适的位置，一个既能忍受最轻微疼痛又能最大程度取暖御寒的距离。其实，人与人之间亦是如此，良好交际需要保持适当的距离。

二、人际关系的功效

美国作家芭芭拉·艾伦瑞克，曾经为了体验底层人民的生活，选择了六个不同的城市打工。在这场体验中，她决定不利用自己的知识、学历和人脉，断绝和过去朋友的所有来往，只靠1 000美元的积蓄从零开始打拼。芭芭拉换了六个工作，租住在偏远的房子里，因为没有朋友，所以没有人为她引荐更好的工作，她不得不同时兼好几份零工。这段"悲惨"经历的结局是单靠她一个人的力量，怎么样都无法摆脱贫穷的生活，并且还会越过越惨。人际带来的资源和机会，远比独自一个人埋头苦干更为珍贵和重要。

1. 满足基本需求。 人在社会中不是孤立的，人的存在是各种关系发生作用的结果，人正是通过和别人发生作用而发展自己，开启社会化进程，实现自己的价值。德国心理学家舒茨认为人有三种基本的人际需要：包容需要、支配需要和情感需要。包容需要是与他人接触、交往、相容的需要；支配需要是控制他人或被他人控制的需要；情感需要是爱他人或被他人所爱的需要。而人际交往可满足自我基本社会需求，一旦交往缺失，这些需求得不到满足，很容易导致心理障碍及其他严重问题。一段人际关系如果能满足交往双方的交往需求，那么这种交往就存在着相互接近和相互吸引的心理关系。如果交往的一方或双方都未得到满足，交往关系便会疏远甚至中断。这种亲近和疏远在心理上产生的不同距离,就是人际关系的具体表现。

【知识链接】

一个人究竟能单独待多久?

美国心理学家S.沙赫特在1959年进行的一项隔离实验可以回答这个问题。沙赫特以15美元/小时的酬金招募试验者到他设计的一个小房间里去住。这个小房间是一个封闭的房间,里面有一桌、一椅、一床、一马桶、一灯,除此之外,没有报纸、电话和信件等其他物品,也不让其他人进去,三餐有人送,但不和送餐的人接触。总之,这个小房间与外界隔绝。

有5名大学生参加此实验,其中有1个人待了2个小时就受不了,要求放弃实验;3个人待了2天;只有1个人待了8天,这个人说:"如果再让我在里面待一分钟,我就要发疯了。"

这一实验充分说明:长时间的孤独隔离将产生突然的恐惧和类似抑郁症发作的情感。可见,人需要在与他人或群体的有效交往中寻求归属与互爱。

2. 认识自己的一面镜子。 我们看不见自己的面孔,常常借助于镜子。同样,我们不容易对自己做出评价,就得依靠别人对我们的态度和反应来判断。以人为镜,可以明得失。这句古话说得非常对。与他人的接触与交流,好似在照一面镜子,帮助我们发现自己、探索自己,促进自我了解和完善。

有时,别人会对我们的品质、能力、性格等给予清晰的反馈,从而使我们对自己增加了解。特别是当许多人对自己的看法都一致时,我们就会相信这种看法是真的,从而确信自己就是这样的人。因此,个体对自己的评价如何,在很大程度上取决于周围人对自己的评价。所以,人们对自己的认识总是要以他人为镜,需要通过与他人进行交流、比较,把自己的形象映射出来而加以认识。如果离开一定的人际关系,这些都无法实现。因此,有必要与更多的人、不同的人交往。老是活在自己的世界,不同别人交流,渐渐地你会看不清楚自己身上的优缺点,无法客观地评价自己。

3. 多个朋友多条路。俗话说,在家靠父母,出门靠朋友。一个人,即便是天才,也不能样样精通,必须善于利用别人的智力、能力和才干。不断与他人建立良好的关系,便可以获得更多的物质和精神上的帮助与支持,建立起自己强大的社会支持系统。我们都知道一根筷子容易被折断,一把筷子不易被折断,当你拥有良好的人际关系时,你会发现整个人都变得更加自信,感觉到自己不是一个人在战斗,身后有人支撑和支持。同时,自己对于别人来说也是一股支持的力量。在成功时得到分享和提醒,在失败时得到倾诉和鼓励。通过交流互相理解,让自己处在一种舒畅奔放的精神状态中,形成乐观、自信、积极的人生态度。

良好的人际关系还能够让我们更容易获取有价值的信息。谁掌握的信息越及时、越有价值,谁就越有可能掌握主动权。现实中我们会看到许多人能够领先一步抓住机遇,就是因为他比周围的人更早地得到了有价值的信息。机遇的获得、问题解决的程度显然与交际能力和交际活动范围成正比。

三、不良人际关系导致犯罪

孔子说:益者三友,友直,友谅,友多闻,益矣。对我们有益的朋友有三种:一是正直的人,二是诚信的人,三是知识广博的人。与这样的人交往,是有益的。反之,"损者三友"是"友便辟,友善柔,友便佞,损矣"。也就是说,与谄媚逢迎的人交朋友,与表面奉承而背后诽谤他人的人交朋友,与善于花言巧语的人交朋友,都是有害的。这些"朋友"不是提醒、警示与劝阻,而是别有用心地拉拢、腐蚀与利用,让你沉浸在他们的圈子里无法自拔。

萨瑟兰的差异交往理论认为一个人犯罪行为的形成,主要是由于同有犯罪行为的人交往,在不良交往中学习到了犯罪的动机、态度、技能。不良的"朋友圈"一旦形成,成员之间就会渴望建立深刻的情感联系,减轻恐惧感,增加安全感,时间久了,会产生依赖感,脱离群体会被认为不正常。有时候一个人不敢做坏事,迫于"朋友圈"的压力,很容易被裹挟着去做错事、坏事、犯罪的事。比如,不少吸毒人员,正是在"朋友"的诱惑下,吸食毒品,弄得倾家荡产、妻离子散。有不少罪犯被犯罪团伙利用或禁不起"朋友"的引诱、蛊惑与逼迫,参加了团伙盗窃、抢劫、贩毒、聚众斗殴等犯罪活动,最终难逃法律的制裁。常见的不良交往群体通常涉财、涉毒、涉赌、涉色、涉网、涉黑、涉恶等。这些群体的形成往往是因为群体成员存在类似的贪财心理、无知心理、冲动心理、好奇心理、逆反心理、从众心理、侥幸心理、冒险心理等,一拍即合。

有人说:"想要了解一个人,就去看看他的朋友。"一个人的三观如何，一般说来，一半来自他汲取的知识与接触的社会，另一半则来自家庭与朋友。你和什么样的人在一起，就会拥有什么样的人生，所谓"近朱者赤，近墨者黑"。古有"孟母三迁"，为的就是寻找一个良好的环境，可以让儿子出人头地。在社会交往中，"交叉感染"现象不可忽视，假设一个人感染了流感病毒，在他身边很快会发生相互感染，甚至出现流感集中爆发。如果你接触到感冒的人，加之自己的抵抗力弱，很快也会传染上感冒。人与人之间的交往也是一样，多接近益友可以使自己变得更好，常接近损友，也很容易使自己变坏。监狱内存在着典型的"交叉感染"现象。罪犯刚入狱，犯罪心理、犯罪思维模式像病毒一样在监狱内传播，时间久了，与之接触多的罪犯在不知不觉中就会被传染。面对这种处境，罪犯要时刻提醒自己，增强自身"免疫力"，注意防范被他人感染。

第二节　建立融洽的人际关系

亚里士多德说过："能够长期忍受孤独的，不是野兽，就是神灵。"作为人，我们最重要的活动就是去开始、发展并维持一段真挚、可靠的关系。尤其罪犯之间的年龄、性格、社会阅历、知识素养、犯罪的性质和种类差别很大，沟通困难，甚至互相歧视，看不顺眼，在改造中钩心斗角，人际关系复杂。如果警囚关系不顺，囚囚关系紧张，亲情关系生疏，服刑改造的难度可想而知。那么如何让自己成为一个更受欢迎的人呢？又如何去处理遇到的人际冲突问题呢？

一、人际交往的基本准则

心理学家研究发现,在人际交往中存在一些基本的准则,如平等原则、交互原则、自我价值保护原则,当我们遵照基本准则处理关系时,更容易建立融洽的人际关系,从而为实现改造目标减少障碍。

1. 人际交往的黄金法则。 心理学家们总结了一条人际交往的黄金法则:像你希望别人对待你那样去对待别人。简单来说,就是你想要别人怎样对待你,你就得怎样对待别人。说起来拗口,其实并不难理解。先看个笑话:有一天,妻子在厨房烧菜,她的丈夫就在她旁边一直唠唠叨叨:"你慢点……小心,油不要太多了……火太大了……鱼快焦了,赶紧翻过来!"妻子恼羞成怒地吼道:"我知道怎么烧鱼,你烦不烦!"这时,她的丈夫平静地回答道:"我只是想让你知道,我在开车的时候,你在一旁喋喋不休,我的感觉是怎样的。"

我想,多数人都有被念叨的经历吧,你肯定不喜欢这种被念叨的感觉,那就要提醒自己千万不要成为那个被自己不喜欢的唠叨的人。大家在一起相处,要注意做到"自己都不想要的,就更不能强加给别人",正所谓"己所不欲勿施于人"。比如,你不想受到别人的歧视,就不能瞧不起或轻视别人;你不想别人对自己冷眼,就不能对别人冷漠;你不想被别人指责、辱骂,就不能动不动爆粗口、讲脏话;你不愿意被别人打,就不能去攻击别人。

2. 人际交往的重要因素。 研究表明,影响人际交往的重要因素有真诚、共情、宽容。要想建立融洽的人际交往关系,就需要培养自己真诚、共情、宽容的人格品质。

(1) 真诚。真诚受人欢迎,不真诚则令人厌恶。在人际交往中,本着真诚相待的原则,就能为沟通创造平等、和谐的气氛。有人却认为真诚待人的人最傻,在监狱里谁能相信谁?担心自己一旦把话全说出来,别人就能抓住把柄,必要的时候还会落井下石。俗话说得好,浇花浇根,交人交心。只有交心才能使人感到真诚,只有交心才能换得对方的真诚,从而增加深入交往的可能性。

(2) 共情。共情就是人们常说的换位思考、将心比心,能站在对方立场设身处地地思考与感受。在人际交往过程中,共情就是能设身处地地体验他人的处境和感受,对他人的情绪和想法保持敏感和理解,能站在他人的角度思考和处理问题,并能对他人的感情做出回应。谁都难免会遇到被误解、被冒犯、受委屈、受指责的时候,如果我们只站在自己的角度去看问题,这些误解、委屈往往会成为一个个解不开的心结,自己一个劲地郁闷、耿耿于怀,却让事情越来越糟。如果这个时候能用"同理心"去体察对方的内心世界,或许你会发现,原来是个误会,原来对方有难处,原来自己真的做得不好……当隐藏的原因被你找到后,你就会豁然开朗。

(3) 宽容。眼宽容景,心宽容事。《伊索寓言》中有一则寓言:普罗米修斯创造了人,同时他在每个人的脖子上挂了两个口袋,一个装别人的缺点,另一个装自己的缺点。人们都把那个装别人缺点的口袋挂在胸前,而另一个则挂在自己的背后。因此人们总是能够很快地发现别人的缺点,而自己的缺点却看不见。这则寓言其实是在告诉我们,人总是喜欢严于待人却宽于待己。所以我们老是看到别人的错误或者不够好的地方,对自己的错误或者问题却睁一只眼闭一只眼。尤其有些人总喜欢拿住别人的错误不放,这样既让别人下不来台,关系也被搞僵了。如果用黄金法则来思考,你犯错误了肯定希望别人能原谅你,给你机会补救,而不是被人揪住不放。人人都希望自己被别人喜欢、尊敬和赞美,所以在交往中要多给予他人积极关注。眼是一把尺,看人先看己;心是一杆秤,称人也称己。

当然,影响人际交往的不仅是真诚、共情、宽容,还有尊重、爱心、热情、积极关注等。

【知识链接】

看人长处、帮人难处、记人好处

处理好人际关系,要牢牢记住这三句话,"看人长处、帮人难处、记人好处"。

1. 看人长处。

人无完人,每个人都有缺点,如果你总是盯着别人的缺点不放,你们的关系肯定好不了,反之,学会换位思考,多看别人的优点,你就会发现,越看别人就越顺眼,就能与人处好关系,就懂得用人所长。一枝独秀不是春,百花齐放春满园。只有懂得与人友好相处的人,才能成事。

2. 帮人难处。

就是在别人困难的时候,伸出你的援助之手,可能是举手之劳,也可能需要一定的付出,只要力所能及就好,锦上添花,不如雪中送炭。在你有困难的时候,人家也会同样帮助你,你的路才会越走越宽。比如人生中常常遇到的一些事,生病住院、红白喜事、天灾人祸等等,你的帮助、你的一声问候,甚至是一条短信,都会犹如春风永暖,彻底拉近彼此间的心理距离。

3. 记人好处。

就是要常怀感恩之心。要知道,每一个人从出生到死亡,每一点进步、每一滴收获,都离不开父母、家人、朋友的帮助。永远记得别人的好,才能每天拥有阳光,每天都有朋友相伴,终生都有幸福相随。相反,总是记得别人的不是,只会苦了自己。

3. 人际交往的沟通技巧。 一个好耳朵比一张好嘴巴更重要。人际沟通,首先要学会倾听。心理学家认为:"很少有人能经得起别人专心听讲所给予的暗示性赞美。"认真倾听不仅是在获得信息,同时也是对别人的一种尊重。学会做一个好听众的确是让人喜欢的一条秘诀,因为你做一个好听众能满足别人许多方面的心理需求。听不光要用耳,而且要用脑,在对方说话时,要不时地发出表示听懂、赞同的声音,或者有意识地重复某句你认为很有意思的话,鼓励对方表达更多真实的想法。倾听不仅要听他人所说的话语,也要听到其中的感觉,试着以对方角度去思考与感受。如果沟通双方都能把对方的话仔细听完,相信会减少许多不必要的辩论和误解。

其次要学会说话。俗语说,"良言一句三冬暖,恶语伤人六月寒"。我们评价一个人善于交往时,经常会说"这个人真会说话"。语言用得好,可以优化人际关系。相反,如果不注意语言艺术,往往会无意间出口伤人,产生矛盾。言不在多,达意则灵,要做到简单明白易懂。幽默的语言可以化解矛盾,融洽气氛。谈话的音量也要根据不同语境的要求有所变化。表达时语言与非语言讲究一致,不要表露出矛盾讯息,比如谈话强调自己很诚恳,但是眼神却不与对方接触,或是口语表示同意却又摇头皱眉,这样会令听话者摸不着头绪,不知哪个讯息才是真的。

再次要控制逆反。"我说的才是对的",这种态度只会导致沟通关系的恶化,让沟通无法进行下去。在进行沟通的时候,要尽可能放低姿态,也就是说,应当在充分尊重对方意见的同时,控制自己的逆反情绪,适当不过激地表达自己的意见和主张才是最好的。即使认为自己的说法没有错或者对方的意见存在问题,也应当首先听对方把话说完,不同的人有不同的想法,表达、理解的能力也不一样,或许有对方表达失误或者自己理解有偏差的地方。沟通的时候要保持平常心,不感情用事是很重要的。罪犯之间发生一些小摩擦和小冲突,最需要心平气和地沟通,反复说明解释,以求得和解,避免怨气累积。

【知识链接】
沟通的漏斗效应

对沟通者来说,如果你心里想的是100%的东西,当你向别人表达的时候,说出来的其实只有80%。而当这80%的东西进入别人的耳朵时,由于文化水平、知识背景、对事件的理解等因素,只被接受到了60%。而最后,真正被别人理解和消化了的东西大概也只有40%。有些事情你以为你表达清楚了,但是对方却理解成了别的样子。但是现实生活中,我们在和别人交往沟通的时候,很容易忽略这种表达和接收信息的"误差"。而这些

"误差",如果没有别人指出,或者自己也缺乏反思的意识,是很难发现的。

二、狱内常见的人际冲突

罪犯在监禁中,人际关系冲突现象更加突出。想要更好地融入监狱环境,平稳改造,首先必须处理好人际冲突问题。监狱内常见的人际冲突包括罪犯之间的冲突、罪犯与警察之间的冲突。

1. 罪犯之间的冲突。罪犯之间冲突的发生虽然受到社会环境、监禁条件、刺激事件等客观因素的影响,但劳动、教育、生活中的琐事往往是罪犯之间冲突的导火索,爆发的核心主要决定于个体的认知偏差、个性缺陷、心境恶劣、修养欠佳等因素。

(1) 认知偏差。冲突极易从口角升级为推搡,甚至打架。如一名罪犯在给其他罪犯发放食品时,用手指沾口水捻开包装袋,现场便有其他罪犯说他的这种行为不卫生,该名罪犯不服,发生争执。一名罪犯在劳动现场发生质量问题被线长要求返工,他随即把裁片摔到线长脸上发泄不满,引发冲突。刺激事件并不一定直接导致冲突,对刺激事件的认知偏差才是冲突发生的根源。有些罪犯爱钻牛角尖,认知偏执,只要别人指出他的问题,就看成是别人针对自己,情绪和行为反应过度。自己劳动任务完不成就认为是分配不均。自我认知偏差也是原因之一。"人贵有自知之明",有些罪犯对别人要求高,却不能正视自身存在的问题。遇到事情会选择外归因,错都是别人。学习时,别人坐他前面嫌不透气,别人坐他后面嫌挡光,挨着他嫌阻碍他学习,总能挑出别人的刺,并且反复念叨,大家都离他远远的。有些罪犯自我评价过低,觉得自己不如别人,被人瞧不起,不愿与人交往,少言寡语,自我封闭,缩手缩脚。

(2)个性缺陷。性格暴躁,忍耐性差,对情绪和冲动行为的控制能力弱,或者压根就不控制。敏感多疑,看见他犯聊天就认为是在议论自己,看到警察找其他罪犯个别谈话,就认为是在宣扬他的情况。被其他罪犯开门时撞到肩膀,没有收到道歉,便认为别人是故意的,甚至是合伙预谋的。嫉妒心强,看到别人劳动岗位轻松、减刑顺畅,便冷嘲热讽,认为别人肯定是找了关系,送了礼,想方设法通过打击、中伤发泄内心的嫉妒。报复心强,违规被警察发现,认为是其他罪犯打小报告的,心生恨意,伺机报复。

(3)心境恶劣。有时很平常的事,在特殊的心境下也会产生剧烈的反应。一名罪犯因违规被警察批评教育后情绪低落地回到监舍。其他罪犯正在热烈讨论近期减刑假释的事,他便态度强硬地要求其他罪犯小点声,其中一名罪犯未理睬他,说:"凭什么我们都要迁就你!"这名罪犯便情绪失控,冲上去挥拳相向,打作一团。

(4)修养欠佳。俗话说:"祸从口出。"说出去的话是泼出去的水,伤害一旦造成,很难弥补。一名罪犯有"洁癖",每当其他罪犯靠近其床铺附近,便口出恶语。某天,一人洗衣服的水不小心滴在了他的床上,一场风波随即而来。一名罪犯因生活琐事与多名罪犯发生争执:"你们刑期都比我重!老子混黑社会的,谁怕谁!"越是这些刺激性的言语,越容易激化矛盾。一名罪犯在监舍里,看到谁有什么零食,不管零食的主人同不同意,也不管是不是只剩一个,但凡他想吃,都会直接拿走;当其他罪犯开玩笑指出不满,他还一脸不在意地说:"大家都这么熟,无须客气!"用起别人的抽纸、牙膏更是顺手拈来。聊起自己来,不管其他罪犯想不想了解,都滔滔不绝;打听别人的事,也是无孔不入。时间久了,人人都很反感他。

2. 罪犯与警察之间的冲突。警囚之间的冲突和对抗主要是由于罪犯对于警察正常管理的逆反心理严重。有时罪犯为了维护面子,达到目的,故意采取和警察要求相反的态度和言行。一名服刑15年的老犯面对刚工作的新警察的批评教育时,一百个不服气,甚至立马翻脸,当场对抗,激化矛盾。一名罪犯因未积极履行财产刑,监区根据政策未呈报其减刑要求,他便认为是监区警察故意不呈报减刑要求、全盘否定自己的改造、针对自己,还说警察故意没有通知他缴纳罚金,所以错过了减刑;会见时甚至挑唆自己的家人上访,扩大矛盾。这些罪犯将自己摆在与警察对立的位置上,妄自尊大,行为偏激,导致警囚关系紧张。打架斗殴被看作是有胆量,公开对抗被视为有本事,对先进典型冷嘲热讽,结果受到惩处的还是自己。

3. 狱内人际冲突的危害。当感受到人际压力的时候,大部分罪犯会采取求助等积极的策略应对,有些罪犯会选择暂时的逃避、忍耐、消化来应对,少数罪犯则采取直接对抗的应对策略。比如和警察对着干,和有矛盾的罪犯对着干,人际冲突从隐蔽到公开,从口角到推搡,从斗气到斗殴,步步升级,危害极大。

有监狱做过调查,90%的冲突为罪犯之间的冲突,冲突引发的对外攻击行为占到66.7%,自伤自残行为占到16.7%,不服管理的占到13%,极个别罪犯同时采取暴力攻击、自伤自残等方式对抗。在所有冲突中,受到行政处罚的占到70%。狱内人际冲突是诱发监管安全事件的主要因素,更为重要的是严重影响了当事人"回家"的步伐和改造的状态。

三、人际冲突的管理

世界上没有两片完全相同的树叶,这使得万物共生却千差万别,样貌相近却性格迥异。这便是人与人之间出现或大或小、或长或短的矛盾、分歧的根源。因为不同,所以在面对同样的人或事、不同的人或事时,人与人的认知、理解和反应就会不同,有冲突对抗,也有妥协斗争。

【知识链接】

人际冲突处理倾向小调查

请评估一下自己在下列各种情况中所得的分数(1~5分),1代表一点也不;2代表有一点;3代表中等情况;4代表比较多;5代表非常多。

第一部分:

1. 你常常为了维持双方的和谐而让步。
2. 在协调中,你的看法及权益常常被忽略。
3. 在协调中,你的需求常未被满足。
4. 你常常说"抱歉"及委屈自己。

如果你的平均分数在4分以上,表示在面对冲突时,你的倾向是退缩。

第二部分:

1. 觉得只有争取,你才会被公平对待。
2. 你常采取的态度是不妥协、不低头,因为低姿态是会被欺辱的。

3. 你很难对人说"对不起"。

4. 觉得自己要奋力来保护自己的权益。

如果你的平均分数在4分以上,表示在面对冲突时,你的倾向是争取,具有强势性。

第三部分:

1. 只要解决问题,差不多就行了,不要太计较。

2. 有困难提出自己的需要,不能得到全部的满足。

3. 协调完之后,内心常常不觉得满意,但是又不愿意再惹是生非。

4. 觉得自己不值得得到相应的全部权益,常有对不起他人的感受。

如果你的平均分数在4分以上,表示在面对冲突时,你的倾向是息事宁人。

第四部分:

1. 要了解分歧与问题发生的原因。

2. 要了解彼此的立场,看事情的角度及冲突整个状况。

3. 除了表达自己的感受之外,也要了解对方的感受。

4. 与对方和平地共同探讨解决分歧与问题的方法。

5. 要使双方都能达到满意。

如果你的平均分数在4分以上,表示在处理冲突时,你有面对及解决问题的倾向,能够从容应对冲突。如果你的平均分数在4分以下,说明你在处理冲突时有回避倾向。

罪犯的日常生活是由一系列交往构成的。比如,早晨在监房内洗漱如厕,要考虑和其他罪犯协调交错进行;在习艺车间劳动时,要考虑到上、下道的劳动进度和质量;警察在教育帮助时对自己有误会等等:时时事事都可能发生人际冲突。人际冲突无法避免,需要通过有效的冲突管理来化解。一般而言,冲突有如下处理方式:逃避(双输)、让步(一输一赢)、竞争(一赢一输,有时双输)、妥协(部分双输)、合作(双赢)。那么当我们和他人出现人际冲突的时候,该如何解决它呢?

第一步:尊重他人。人际关系的"地心引力"效应,倾向于将对方踩在自己的脚底,僵化对方的形象,隔离在不同的水平线。冲突发生时,更需要双方平等、客观地对待和交流。我们总以为,我的想法别人应该清楚地知道。事实上,如果我们不沟通想法,我的想法别人不知道,别人的想法我也不清楚。

第二步:倾听,直到你"感受到另一面"。一个人想要表达自己的观点,只能在准确地重复对方刚才所说的观点和想法之后,同时这种重复应该是令对方满意的。我们永远不会理解对立面的观点,除非我们真正走到对立面,用心去看、去理解。遇到争论时要保持平静,控制脾气,以听为主,不要抗拒、争辩,等对方说完之后,他就能静下心来听你说了。

第三步:表明自己的观点、需求和感受。古人言:三思而后行。说话、做事先过过脑子,三思后再行。开口说话之前,想清楚,是你想要退还一件不满意的商品,还是你抱怨其他罪犯太吵,打扰你的睡眠;然后界定需要,你希望退货,你希望对方声音小点。简明扼要地申明自己的问题和需求,要说出观察到的行为,说出结果,说出你的想法、感受,说出你的意图、请求。例如:车间两个人,一个人想开窗透气,一个人嫌开窗冷。考虑解决方案是开窗或不开窗。而考虑需求,开窗的人需要透气,不开窗的人需求的是不着凉。比较合适的解决办法是窗户开一会儿,开小一点,再关上。

本杰明·富兰克林说:"如果你老是抬杠、反驳,也许偶尔能获胜,但那是空洞的胜利,因为你永远得不到对方的好感。"

第三节 狱内人际关系处理

监狱环境具有特殊性,人员密度大,关系复杂,既有监管与被监管的关系,又有罪犯之间平等相处的关系等。罪犯生活在这个相对封闭和狭小的圈子里,"低头不见,抬头见",人际的各种情绪都会无限度地被放大。人际关系处理得当,人的积极性被充分调动起来,改造平稳;反之,不仅影响情绪、自信心,还会对自身的改造产生负面影响。如何提升自己的交往能力,处理好狱内人际关系呢?

一、与监狱警察的关系处理

监狱警察与罪犯之间的警囚关系是监狱人际关系中最重要、最基础的一种法定关系,它贯穿整个改造过程,是监狱警察在与罪犯相处过程中所形成的较为稳定的认知、情感和行为模式倾向,是一种双向的心理关系,也是一种复杂、多向度的态度选择,是构建监狱融洽改造关系的关键性因素。

1. 摆正位置。监狱警察代表国家,依法管理罪犯,罪犯服从管理,是法定义务。罪犯在与警察的交往中,难免会心理紧张,严重的表现为害怕与警察交往,甚至与警察说话就脸红心跳、内心惊慌、语无伦次、冒虚汗,或者表现出对警察的极端冷漠、不理不睬,久而久之,就会产生烦恼和出现尴尬的局面,进而引起感情上的冲动和心理上的不安,并可能导致心理障碍。一般当罪犯受到警察处罚,感觉自己受到不公正待遇的时候,关系更加紧张、尖锐,有人公开对抗,有人私下抨击,有人消极悲观。

罪犯要时刻提醒自己:我是什么人?这里是什么地方?我来这里干什么?通过这"三问",自觉转换角色,明确身份意识,接受服刑现实,意识到监狱警察的执法不代表个人,代表的是国家,自己被管理、被改造是法律确定的既成事实。监狱警察的权威不容侵犯与挑战,绝对服从警察的正常执法和管理教育。阻碍警察执法,挑战警察执法权威就要付出沉重代价。

2. 内心敬重。"不敬他人,是不自敬也"告诉我们这样一个道理:不敬重他人,就是不敬重自己,反之,只有敬重他人,才是自敬的选择。敬重一个人意味着尊敬他、看重他,把他当作一个很特别、很有价值的人来对待。在你对他说话时,你会用恭敬、易懂的语言。你会很客气、很有礼貌。当他对你说话时,你也会很认真地听,对他所说的话加以重视。当他要求你做一些事的时候,你也会尽可能地去做好,因为你尊敬他。

很多罪犯渴望能够获得警察的尊重,更应该首先做到从内心敬重监狱警察,对监狱警察的身份地位和价值予以肯定。当然这份敬重无须通过无原则地巴结、讨好,阿谀奉承,卑躬屈膝来体现,更不应通过托关系走后门赢得和谐,这样做往往费尽心机一场空。在日常改造中,与警察交往时,做到言行一致、举止得体、态度诚恳,少用反问语气,认真倾听不插话,任何情况下都不能因为没有达到目的而强词夺理,肆意顶撞,对于一时难以理清的话题,可以静下心来,寻找合适的机会进行沟通。向警察表示敬重,不仅是你为了平稳改造、顺利服刑采取的明智之举,也是在向更多的人展示你的素质,警察也会对你形成一个良好印象。

3. 主动沟通。罪犯与警察主动沟通可以消除误解,避免抵触情绪,拉近心理距离。罪犯与警察沟通时应把握以下四点。

(1) 沟通及时。罪犯在改造生活中感到有话要说时,就要当机立断与警察沟通,不可一拖再拖。拖延的结果是持续压抑、痛苦或不安,不如来个一吐为快,及时倾吐自己的心声。

(2) 选择合适的场所和机会。场所可以选择在谈话室,也可在劳动、学习、娱乐场所。在时机的把握上要注意尽量避开警察繁忙的时段等。

(3) 采取多种方式。既可以面对面沟通,也可以写思想汇报沟通。应根据自身情况和问题的复杂程度选择恰当的方式。如有的罪犯不善言谈,语言表达没有信心,那就可以采取书面形式。

(4) 消除胆怯心理。要告诉自己:警察有责任、有义务听取罪犯的思想汇报,罪犯有权利也有义务向警察沟通思想。

如果带着情绪去寻求其他罪犯的理解,或者耿耿于怀地向警察讨"说法",影响正常改造任务的完成,破坏改造秩序,最终吃亏的还是自己。

二、与其他罪犯的关系处理

监狱特殊封闭的环境,与亲情割裂、性别单一等因素,造成罪犯之间的人际关系既有常态社会人际关系的共性,也有其独特性。罪犯在服刑过程中普遍感到人际关系难处,交往的度很难把握,走近了会说拉帮结派、搞团团伙伙,走远了会说不近人情,会孤独自闭。

1. 接受差异。 罪犯来自天南海北,生活习惯、兴趣爱好、成长经历、个性特点,普遍存在差异。在狱内建立良好关系的起点,首先要接受彼此间的差异,别人的所思、所想、所为显然和自己不一样,差异客观存在。比如,有的罪犯喜欢安静,有的罪犯喜欢热闹。

罪犯之间要建立良好的交往关系,首先应该接受差异,应注意以下四个方面:一是不以地域观念结交朋友,把自己的交往范围扩展到相处的所有罪犯。二是不以江湖义气交朋友,不要讲哥们义气。三是不得以规范禁止的形式交往朋友。四是坚持以"大事讲原则,小事讲风格"的原则处理同犯间的问题。对于同犯间违反监规纪律的人和事,要敢于坚持原则,该检举的检举,该汇报的汇报。面对同犯之间的生活琐事,言差语错要宽容谅解,以高姿态、高风格淡化处理,因区区小事给自身改造带来严重后果,划不来,也不值得。

2. 察言观色。 中国有句古话：出门看天色，进门看脸色。在人际交往中要达到攻心为上，察言观色是交际的基础，也是人际关系中最具突出意义的能力。察言观色的目的是准确把握对方当下的情绪和想法，从而选择合适的交往方式，以免对牛弹琴、不识时务。有文章强调察言观色其实就是一种"投机取巧"的行为，投人所好，替人所想。有些罪犯说，这不就是古代那些跟班的奴才们做的事情吗？且不论这种观点的对与错，察言观色会让我们明白那些复杂的人际关系中，什么事情是能做的，什么事情是不能做的，在什么时候做什么事、说什么话最合适。

会察言观色的不一定最有人缘，但敌人一定不多。只要留心观察，你会发现我们每个人的表情动作都会传达很多的信息。好奇的时候，眼睛会变大，嘴巴会张开，额头皱纹会呈波状横向分布。生气时，两眉之间出现皱纹，双目变得窄而小，嘴巴会紧闭。一个人在不高兴的时候，不愿意说话。双腿交叉表示保留态度或有轻微的抗拒。在日常交往中，对其他罪犯的脸色、身体形态的变化要保持敏锐，选择合适的时机让忠言变成肺腑之言，并且用让对方能够接受的方式表达出来。

3. 提升价值。 人际交往，是一种价值对等的交换行为。如果你自身无法给别人提供任何价值，包括情感价值和物质价值，那么你就很难跟别人建立良好的人际关系。有时候我们和别人产生冲突，并不是因为你态度不好，或者性格有问题，而仅仅是因为你本身的价值还不够，满足不了别人的需求。

很多新入监的罪犯会有这样的感受：自己做事积极，对所有人态度都很好，为什么还会遭到别人的忽视，甚至在一些事上承受不公平的对待？于是容易积累矛盾，甚至与其他罪犯产生冲突。而避免冲突，让更多人愿意与自己合作的最好方式，就是提升自己的能力和价值。你能提供给别人足够高的价值，别人才会有动力与你合作，并避免与你发生冲突。

【知识链接】

互惠定律：帮人就是帮自己

西方有这样一个寓言：天神带一个垂死的人参观天堂和地狱。正值午餐时刻，地狱和天堂吃饭用的勺子都很长，地狱里的人无论如何都很难将食物吃进去，甚至撒到地上，天堂里的人互相喂给对面的人，吃得津津有味。天堂和地狱的区别只在于是否互帮互助。

赠人玫瑰，手有余香。互相帮助、理解就是心理学上的互惠定律。美国文学家爱默生说过："人生最美丽的补偿之一，就是人们真诚地帮助别人之后，同时也帮助了自己。"伸出你的手去帮助别人，而不是伸脚去绊他们。人际交往就像一种回声，你对我友善，我对你也友善。

罪犯在服刑期间，除了要处理好与警察、其他罪犯的关系，还要处理好与亲人的关系。可以利用亲情电话、书信、会见等方式关心询问家人的生活、身体状况，与亲人进行情感沟通，真诚悔过、踏实改造、多予少取，加快减刑的步伐，让家人放心，学好技能，弥补损失，回报亲人，使亲人成为自己永远的支撑。建立良好的人际关系对稳定改造情绪、激发改造动力、顺利度过服刑生涯都会产生重要的影响。

【学、思、写】

1. 如何让自己成为一个受欢迎的人？
2. 回顾你经历过的或正在经历的人际冲突，联系本单元的内容，试着处理你遇到的人际冲突。
3. 向同监舍的罪犯表达关爱并记录感受。

📣**导读**：习惯是一个人比较固定的生活方式，集中体现在个人特有的言行举止中，直接反映了他的道德修养，而且直接影响他的价值取向和行为准则。一个人之所以走上犯罪道路，与其不良的行为习惯有直接关系。养成良好习惯，矫正不良瘾癖，是罪犯改造的基础，也是罪犯回归社会和重新融入社会的必要前提。

第七单元　养成良好习惯

　　如果一个人能养成良好的习惯，管住自身言行，举止文明不粗俗，那么他就是一个脱离了低级趣味，受到人们尊敬和欢迎的人。如果一个人长期养成恶习，以至于突破道德底线、触碰法律红线，发生危害他人、危害社会的犯罪行为，则必然要受到法律的严惩。罪犯投监服刑，很重要的一个缘由就是习惯出了问题。矫正不良言行，养成良好习惯，是罪犯改造的重要内容。

第一节　管住自身言行

　　遵守监规纪律，管住自身言行，是罪犯入狱服刑的最低要求。在严格的监规纪律面前，罪犯会因不当言行付出沉重的代价。罪犯应该从学习遵规守纪、约束言行开始，养成良好的习惯。

一、言语行为规矩多

监狱是一个比其他任何地方都更加讲究秩序和规矩的场所。罪犯在狱内必须严格遵守各项规章制度，规范自身言行。

1. 遵规守纪是言行底线。 遵守监规纪律，是每一名罪犯的法定义务，也是在狱内改造与生活的一切活动的底线，一旦出现违反监规纪律的越线行为，轻则受到批评教育或扣分处理，重则受到行政处罚，若构成狱内再犯罪，则将再次受到法律的严惩，付出被加刑的惨痛代价。没有对监规纪律的遵守，养成良好的言行习惯就根本无从谈起。罪犯想要在服刑期间管住自身言行，逐步养成良好的习惯，就必须做到自觉遵守监规纪律，学会用监规纪律去严格约束自己的言行举止。

2. 文明礼貌是言行基础。 文明礼貌是每个人应当具备的基本素养，在监管场所中，更是对罪犯言行的基本要求。讲究文明礼貌需要从外在的行为做起。比如，罪犯之间互称姓名，不起绰号，遇到警察或来宾需礼让，等等。讲究文明礼貌也要从内在的感知做起。比如，学会如何从内心深处去尊重他人，爱护周围的环境，学会感受文明礼貌给自己的心境所带来的改变，等等。当一个人不再是伪装得文明礼貌的伪君子，而是发自内心地去接纳、去尊重、去关心周围的人与事时，他才真正具备了文明礼貌的良好素养。

3. 学习劳动是法定内容。 监狱法规定，监狱对罪犯应当依法监管，根据改造需要，组织罪犯从事生产劳动，对罪犯进行思想教育、文化教育、技术教育。所以参加教育学习和劳动改造是罪犯必尽的法律义务。罪犯参加学习不仅可以提高文化知识水平,也为掌握各种职业技能打下坚实的基础;同时,参加劳动改造不仅是罪犯应尽的义务,更能促使罪犯学习生存技能并养成良好的学习劳动习惯,为回归社会打下坚实的基础。

4. 健康卫生是生存保障。良好的生活卫生习惯是一个人保持身心健康的前提条件,也是罪犯在狱内改造,参与集体生活的必然需要,更是罪犯顺利走完改造之路的重要保障。由于监管场所的特殊性,任何罪犯从踏入监狱大门的那一刻起就已经成为集体生活中的一分子,因此在这样特殊的集体生活中,哪怕只是某一个人不讲卫生,都会对整个集体造成影响,毕竟谁也不能忍受与一个邋遢的人长期生活在一起。同时养成良好的生活卫生习惯对增强体质、预防疾病也是非常重要的。

二、不良言行危害大

罪犯的不良言行往往会激化罪犯之间的矛盾,恶化人际关系,诱发严重的违规行为,更有甚者可能会直接对罪犯的改造生活以及自我发展造成难以挽回的不良后果。

1. 人际关系受到损害。在日常改造生活中,罪犯之间难免会因为一些琐事而发生摩擦。比如,洗衣服时把水花溅到了别人身上,睡觉时打呼噜影响了其他人休息,在人多的场合无意间踩到了别人的脚,等等。遇到同样的情况,不同罪犯的应对方式和处理结果有可能大相径庭。有的人在抱歉和谅解中达成和解,而有的人却在争吵与谩骂中结下了仇怨,人际关系从此紧张了起来。有的罪犯总爱在背后对他人品头论足；有的罪犯总爱给别人起一些难听的绰号；还有的罪犯口无遮拦，动不动就恶语伤人，丝毫不顾及他人的感受。久而久之，这些不良的言行往往都给自己的人际关系造成难以弥补的损害。切莫等到最后孤立无助、人见人厌时，才来反思自己是如何一步步走到孤家寡人的地步的。

2. 改造生活受到挫折。因不当言行而导致改造生活受挫的事例数不胜数，归根结底就是不能管好自身的言行，就有可能违反监规纪律，甚至违反法律，给自己的改造生活造成严重损失。很多罪犯平时不注重对自身言行习惯的培养，对警察的关心教育置若罔闻，自以为是，一意孤行，最后往往都付出了沉重的代价。有的罪犯始终管不住自己的嘴，总是为一点小事争吵、争执，导致其频繁违规被扣分，等级处遇一直无法提高，改造生活窘迫不堪。还有的罪犯始终习惯于用拳头处理问题，一言不合就大打出手，导致减刑延期，无颜面对在高墙外苦苦等待的家人。

3. 自我发展受到限制。不良的言行举止不仅会让罪犯在改造过程中遭遇各种困难，蒙受损失，还会对其回归社会后的个人发展前途造成深远影响。许多罪犯屡次因为自己的言行不当被扣分、管控和处罚，减刑被暂缓或撤销，甚至受到加刑处理，在自身改造计划被打乱的同时，他们也渐渐失去了其他罪犯、警察甚至家人的信任，在此后的服刑过程中再也难以获得各种奖励的机会，即便在刑满出狱后，仍可能会在社会上四处碰壁，给回归社会后的生存及发展带来非常严重的困难。

三、良好言行须养成

无论是为了确保改造生活的平稳顺利,还是为了给将来回归社会和重获新生做好准备,每名罪犯都需要在不断的学习与反省中逐步养成良好的行为习惯,努力戒除曾经沾染上的各种不良习气。

1. 学会反省自己的过错。有的罪犯习惯盯着别人的过错却很少反省自己的问题,有的罪犯习惯于把矛盾推向客观却很少反省自己的主观思维。有良好行为习惯的人善于"用手电筒看事、用穿衣镜看人"。学会反省自己的过错,反思自己的不当言行对他人的伤害,对一直处于集体生活中的罪犯来说尤为重要,这往往是化解矛盾的关键。下表列举的是一些可能会对罪犯的改造生活造成不良影响的失当言行,罪犯可以参考对照后进行自我反省。

言谈失当	行为失当
A. "出口成脏",口无遮拦	F. 邋里邋遢,不修边幅
B. 恶语伤人,冷嘲热讽	G. 患得患失,斤斤计较
C. 高声喧哗,旁若无人	H. 胡搅蛮缠,无理取闹
D. 自吹自擂,狂妄自大	I. 指手画脚,盛气凌人
E. 捕风捉影,搬弄是非	J. 言而无信,背信弃义

2. 尝试做自己的心理医生。学习与掌握一些必要的心理知识对于保持积极健康的改造心态和矫正不良言行都具有十分重要的意义。通过了解人际关系方面的知识,罪犯能自行化解一些改造生活中遇到的矛盾,避免因误解而发生不必要的争端,进而影响改

造;通过掌握一些情绪调适方面的技巧,罪犯就能在遇到压力时学会主动控制自己的情绪,调整心理的平衡,避免因冲动失控而打乱自己的改造节奏;通过了解行为治疗方面的知识,罪犯能够体察自己的不良言行及危害,有目的地去完善自己的人格,培养良好的行为习惯。

3. 做一个知错能改的人。 罪犯的不良言行习惯是在家庭教育、成长经历等因素的影响下经过长期的过程形成的,一旦形成很难改变。许多罪犯不能认识到自己的问题,即使认识到了,也不愿意改变,依然我行我素,就逐渐沦为其他罪犯眼中的异类,让人唯恐避之不及,对自己和他人的改造生活都造成了极坏的影响。罪犯必须清醒地认识到这个问题,勇于承认自己的错误,坚定改正错误的信心,积极配合监狱,接受针对性的行为治疗,按时完成矫治作业,尽可能快地根除自身存在的不良习惯。

【知识链接】

行为治疗

行为治疗是以减轻或改善患者症状或不良行为为目标的一种心理治疗技术。行为治疗的运用范围比较广泛,具体的方法很多。常用的行为治疗方法有系统脱敏、厌恶疗法、代币法、放松训练、自控法等。系统脱敏是一种比较常见的行为治疗技术,对治疗恐惧和焦虑具有比较好的效果。其基本原理是将特定刺激按照一定的强度按等级逐步暴露在患者面前,患者在指导下用放松的状态逐渐适应特定刺激,从而最终达到对该刺激脱敏的效果。厌恶疗法也是比较常用的,多用以消除或减轻某种适应不良行为。厌恶疗法的原理是通过治疗干预,将患者需要矫正或治疗的行为与某种令人感到厌恶的刺激建立联结,从而达到使患者最终因感到厌恶而减少甚至戒除该行为的效果。代币法经常被用以增加或减少患者的某种行为,是一种应用相当广泛的行为矫正方法,比如罪犯的计分考核制度其实就体现了代币法的基本思想。它通过控制外部奖励的办法,促使患者逐渐用正当行为来取代不当行为。代币法的具体做法是当患者做出正当行为时,根据规则奖励其一定数量的筹码、积分或其他奖励性物品,随后患者可以通过积攒奖励性物品换取自己喜爱的东西。这些患者因做出正当行为而得到的可以用来换取奖品的东西,如筹码、积分等,就是所谓的"代币"。放松训练是一种通过训练从而有意识地控制自身呼吸、肌肉运动等身体活动,降低肌体唤醒水平、改善机体功能紊乱的心理治疗方法。放松训练的直接目的就是使肌肉放松,最终目的是使整个机体活动水平明显降低,达到心理上的松弛,从而使机体保持内环境平衡与稳定。自控法又被称为自我管理法,目的是提高自控能力,就是当事人有意识地在某一时刻从事某种行为,进而控制稍后出现的另一种行为。比如有的罪犯为了能按时完成学习任务,会采取做计划表、贴提示条和请其他罪犯提醒督促等自我管理行为来帮助自己实现目标。

第二节　培养健康生活习惯

良好的生活卫生习惯和较好的个人素养是罪犯有效应对日常改造生活中的压力,正常进行改造和生活的基本条件,也是罪犯融入改造集体、顺利改造的必需要求。

一、不良生活习惯随处可见

罪犯中的不良生活习惯很多,比如不讲究文明礼貌、不注意个人卫生、不注重环境卫生等等。许多罪犯把坏习惯当自然,我行我素,根本意识不到其危害性。

1. 饮食健康不讲究。 服刑监禁的环境意味着自由的限制和权利的剥夺,监狱只能保证满足罪犯的基本需求。许多生活的选择自由尤其在饮食方面的偏好会受到严格的限制,于是有些罪犯就会对饮食提出畸形的要求。有的罪犯遇到喜欢的饭菜就会暴饮暴食,毫无节制,对不喜欢的则浅尝即止;有的罪犯食物领得多,却吃得少,严重浪费粮食;有的罪犯非常贪吃,明明正餐吃饱了,还忍不住地吃许多饼干等零食。这些不良饮食习惯不是简单的个人自由选择问题,而是违反监规纪律的不良行为。

2. 集体卫生不清洁。 罪犯服刑是集体生活,学习在一起,劳动在一起,生活在一起,稍不注意,集体卫生就会出现不清洁的情况。

部分罪犯没有良好的集体意识,对公共卫生不在意,往往抱着被动应付的心态去打扫卫生,即使在警察监督下也只是装模作样,草草了事。仔细检查,就会发现环境卫生存在很多问题:床铺底下一层灰,柜子里面乱糟糟,洗漱间里不干净,宿舍里面有怪味等情况随处可见。有这样不良习惯的罪犯不但很难融入改造集体,也会受到监规纪律的处罚。

3. 卫生习惯不文明。不文明的生活卫生习惯在有些罪犯身上时常出现,不仅损害罪犯自己的形象,也给其他罪犯的改造和生活造成了影响。例如,部分罪犯有不刷牙有口臭、不洗澡满身油腻、不换衣服形象邋遢、不晒鞋子臭气熏人、大声喧哗唾沫横飞、随地吐痰、乱丢杂物等陋习。即使有人提醒,他们也不当回事,更不愿改正。这样的罪犯不仅自己的身体健康要受到影响,而且会惹警察和其他罪犯讨厌。

二、健康生活习惯是改造助推器

健康生活,既是监狱管理的要求,又是罪犯身体健康的保障,更是罪犯适应改造生活的需要,对罪犯顺利改造有着积极的促进作用。

1. 有益于保障身体健康。保持环境卫生和个人卫生是预防疾病的重要因素。对罪犯来说,矫正不良行为、养成健康生活习惯,对预防疾病、保持健康有着重要的意义。良好的生活习惯可以引导罪犯学习健康常识,树立健康生活观念,可以促使罪犯学习疾病预防知识,可以启发罪犯规律作息,加强锻炼,增强免疫能力。

2. 有益于适应集体生活。 罪犯长期处于集体生活的状态，生活中存在容易互相干扰，发生交叉感染、传播疾病等情况，健康的生活习惯对罪犯集体生活有着重要的意义。养成良好的生活卫生习惯，可以保持监舍的干净整洁，提高罪犯居住生活的质量，可以保持环境的优美舒适，调适罪犯的心理情绪，可以保持良好的人际关系，避免发生争执和冲突。

3. 有益于提升个人修养。 良好的生活卫生习惯，是评判个人修养的重要标准之一。养成良好的生活卫生习惯，不仅是罪犯在改造过程中必须要遵守的规定和行为养成，也是罪犯纠正恶习、改过自新的必经之路，更是自我修养自我提升、自我完善、自我超越的重要过程。养成良好的生活卫生习惯，使自己变得更加干净和整洁，就会有更多人愿意接近你。养成良好的生活卫生习惯，使自己变得更加谦虚和礼貌，就会有更多人愿意接纳你。养成良好的生活卫生习惯，使自己变得更加文明和高尚，就会有更多人愿意尊重你。

三、养成良好生活习惯需要加倍努力

有些罪犯入监以前，混迹社会，放纵生活，染上许多不良习惯。要矫正这些不良习惯，需要端正态度，坚定信念，克服困难，付出努力。

1. 学习健康知识。 加强卫生知识的学习，是罪犯自我防病保健的需要，也是养成良好生活习惯的前提条件。积极预防疾病是最合算的"买卖"，罪犯要养成良好的生活习惯，懂得疾病防治知识,避免遭受疾病的侵扰。要注意学习洁净饮食、清洁环境、个人卫生、疾病预防等方面的知识;要掌握流感、腹泻、肺结核等传染性疾病预防知识;要了解身体调理、疾病预警等知识。

2. 搞好环境卫生。搞好环境卫生是监狱规章制度的要求,也是罪犯养成良好生活习惯的重要保障。搞好环境卫生可以美化生活环境,预防疾病传播,要求既要保持公共环境卫生,又要做好个人卫生。搞好集体卫生要统一晾晒衣物,统一换放被褥,统一打扫卫生;按类整理堆放各类杂物;注意监房通风,保持就餐区、储物间、卫生间的清洁。搞好个人卫生要定时洗澡、理发、剃须、剪指甲;不吃隔夜饭菜,不吃不洁食物;保持衣帽鞋物干净整洁等。

3. 注重习惯养成。注重习惯养成是罪犯提高自身修养的需要,也是养成良好生活习惯的核心内容。罪犯要主动培养健康的生活观念,努力克服困难,消除恶习,自觉接受行为养成教育,从小事入手,在此基础上由易到难,使自己身心健康和个人修养得到提升。要养成文明礼貌的习惯,让自己成为一个受欢迎的人;要养成规律的生活习惯,增强身体素质,注意休息,按时作息,加强锻炼,认真做广播体操等,使自己成为一个身体健康的人;要养成良好的道德风尚,热爱劳动,关心集体,勤俭节约,乐于助人,使自己成为一个受到大家认可的人。

【知识链接】

洁癖是种病

洁癖是指过分讲究清洁的癖好。有洁癖的人,较一般人更注重清洁,以至于自己正常的学习、工作、生活和社会交际等都受到影响。过于严重的洁癖症是精神疾病的体现,也就是常见的强迫症。洁癖强迫症表现为尽管刚刚清洁(洗手、洗澡、洗衣服等),但是患者还是会重复同样的动作一次或者多次,虽然自己感觉非常痛苦,却始终不能停止自己的行为。强迫症的危害是很大的,严重影响患者注意力的集中,从而影响其工作和学习,严重者可能完全丧失工作和学习能力,导致精神障碍等。洁癖的治疗比较困难,一般很难完全治愈。洁癖患者要学会自我调适,尽量减轻洁癖对自己工作和生活的影响。一是要勇于接纳自己的强迫症状,了解自己的强迫行为的发生原理和具体表现症状。要勇于接纳和习惯强迫症对自己造成的痛苦,要明白接纳不是一天两天就可以完成的,需要用智慧和勇气在长期过程中不断领悟。二是要学会转移情绪,全身心投入生活。要学习心理调适的方法,尤其是注意力转移的方法。去从事一些自己感兴趣的活动,在丰富多彩的生活中寻找人生的乐趣和价值,这样就会减轻强迫症对自己的影响。三是要直面强迫"心瘾",不向"心瘾"妥协。要加强意志力锻炼,在出现强迫意念时,勇敢与其抗争并及时中断强迫行为。开始你会难受和痛苦,但只要坚持住,会一次比一次容易,一次比一次轻松,直至症状减轻和消失。

第三节 戒断不良瘾癖

瘾癖就是对某些行为或事物存在特别嗜好和依赖,严重者会出现心理和行为障碍。许多罪犯的犯罪就是不良瘾癖造成的。了解这些瘾癖的危害,戒断不良瘾癖,对于罪犯改造和重新回归社会来说非常重要。

一、瘾癖种类多

瘾癖种类比较多,有毒瘾、赌瘾、网瘾、酒瘾、恋物癖、偷窃癖、暴露癖等,对罪犯来说影响比较大的主要是毒瘾、赌瘾、网瘾和酒瘾。

1. 毒瘾。毒瘾就是指有吸毒的癖好。毒瘾形成的机制是人体长期使用毒品成瘾,一旦毒品停用,易出现戒断综合征。戒断综合征是一种令人非常痛苦的症状体验。在生理上,停用毒品吸毒者会感到身体不适,打呵欠、淌眼泪、流鼻涕、出冷汗,随之软弱无力,起不了床,食欲全无,伴有恶心、呕吐、腹泻等。当毒品对中枢神经系统的抑制作用转为兴奋时,则瞳孔扩大,心跳加快,血压升高,肌肉剧烈震颤和抽搐,严重者出现谵妄、脱水,电解质平衡失调,极度虚脱。在心理上,吸毒者持续而周期地渴望得到毒品,这种渴望压倒一切,一旦中断吸毒可产生所谓"地狱般痛苦"的戒断症状,吸毒者会变得极度自私,不择手段获得毒品,对社会、对家庭全无责任感,荣辱俱忘,危害个人、家庭和社会。对许多服刑中的罪犯尤其是涉毒类罪犯来说,这样的体验往往是刻骨铭心的。

2. 赌瘾。赌瘾也叫作"赌博上瘾综合征"。简单说就是一种无法停止赌博的病态表现。成瘾的赌徒经常会很失态,不停地撒谎以便继续赌博,他们经常尝试戒赌但从未成功。心理专家认为四个因素让人嗜赌:心理因素、寻求刺激、冲动性格及反社会行为。多数成瘾的赌徒在每次输了钱后,心情很差,但只要一开始赌博,马上情绪高涨,兴奋不已,一段时间停止赌博,则会出现心烦意乱、紧张焦虑、困倦乏力、失眠、食欲不振等现象。许多服刑中的罪犯在服刑之前就赌博成瘾,服刑后仍不思悔改,经常千方百计寻找赌博机会。

3. 网瘾。网瘾即网络成瘾。主要是指长时间沉迷于网络,对其他事情都没有过多的兴趣,从而影响身心健康的一种病症,很多人形象地称之为"电子海洛因"。按照《网络成瘾诊断标准》,网络成瘾分为网络游戏成瘾、网络色情成瘾、网络关系成瘾、网络信息成瘾、网络交易成瘾等。网瘾的高发人群多为12~18岁的青少年,以男性居多,男女比例为2∶1。沉迷网络者反复过度使用网络导致类似精神行为障碍,表现为对使用网络产生强烈欲望,突然停止或减少使用时则出现烦躁、注意力不集中、睡眠障碍等现象。网络成瘾在青少年罪犯中比较常见。

4. 酒瘾。酒瘾又称酒精依赖。酒瘾的发生是遗传因素和环境因素共同作用的结果。酒精依赖者存在不可逆的内脏功能障碍和智力损伤。酒精依赖常与其他精神障碍共存,酒精依赖者常伴有情绪低落和焦虑现象,或出现反社会行为。抑郁、焦虑或反社会型人格障碍的患者也常常大量饮酒。罪犯中的酒精依赖者往往不自知,但会表现出对酒类非常渴求。

二、瘾癖危害大

无论是吸毒、酗酒、嗜赌还是长期沉迷网络,都会对人的心理状态、身体机能、人际交往、家庭经济和社会秩序造成严重的危害。

许多人因此罹患严重疾病,产生精神障碍,弄得倾家荡产。

1. 影响心理健康。 吸毒者往往缺乏羞耻感;酒精依赖者经常出现精神障碍;网络成瘾者自控力差;成瘾的赌徒大多是孤僻、偏执的。绝大部分不良瘾癖者意志力薄弱,对不良瘾癖非常依赖,而对与瘾癖无关的事情,大多没有过多兴趣,经常会出现对人冷漠、情绪低落、注意力不能集中甚至记忆力减退等症状,严重时会出现言语紊乱、思维混乱、行为怪异等精神异常的症状。

2. 损害身体机能。 长期吸毒者会出现各种躯体症状,严重的会全身器官衰竭;长期酒精依赖者会出现不可逆的内脏功能障碍和智力损伤;长时间赌博会诱发心脑血管疾病;长时间沉迷网络会出现神经系统的疾病。不良瘾癖者其身体机能的损害与其瘾癖程度有着正向关系,轻症者会出现功能性损伤,重症者可能会出现器质性病变,甚至是死亡。

3. 妨碍社会交往。 不良瘾癖者往往都存在社交问题。社会人群通常对不良瘾癖者抱有歧视的眼光和抵触的情绪,甚至连亲戚朋友都敬而远之,不愿与之交往。吸毒者的社交圈往往局限于吸毒者之间的交往;赌瘾者往往容易欺骗家人和朋友;酗酒者经常会因为醉酒失态遭到周围人群的讨厌;沉迷网络者经常不愿意接触社会。

4. 破坏家庭经济。 不良瘾癖者通常与家庭关系紧张,往往是家庭矛盾的导火索和家庭问题的根源。吸毒者和嗜赌者通常处于家庭破碎、事业被毁、债台高筑的境地,容易因为金钱走上违法犯罪之路;网络成瘾的青少年会对父母造成严重的伤害。不良瘾癖者大多不愿意正常工作,或者不能正常工作,会给家庭经济状况造成影响。

三、戒断需努力

瘾癖是严重的行为障碍,戒断难度非常大,需要罪犯有坚定的信念和顽强的毅力,需要家庭和社会的大力支持帮扶,需要科学系统的治疗才有可能彻底戒断。

1. 树立坚定信念。 无论是戒毒、戒酒、戒赌还是戒网都是一个非常痛苦而漫长的心理脱敏的过程,在这个过程中,成瘾者的心理和生理都会遭受巨大并且持续不断的痛苦煎熬。成瘾者必须要树立坚定的信念,要用顽强的毅力去对抗戒断过程中的生理、心理折磨。在这个过程中,只靠成瘾者自己的努力是很困难的,很多人非常容易被一次次的挫折打倒,丧失信心,甚至自暴自弃。外部支持是非常重要的一个环节。无论是家庭还是社会,都要真正地接纳这些决心戒断的成瘾者,让他们感到爱的温暖,得到充分的理解和支持。家庭和社会要尽可能地采取各种方式表达对他们的支持,要尽可能地肯定他们的每一次努力和每一点进步,要不断地鼓励他们树立信心和决心,坚定他们的意志,并帮助其解决生活中的困难和危机。戒瘾罪犯同时还应当寻求监狱和社会的帮助,积极利用各种资源,力争在服刑期间成功戒断。

2. 了解戒断知识。 戒断瘾癖不仅需要成瘾者树立坚定的信念,还需要成瘾者了解科学的戒断知识。要系统地了解瘾癖的具体病理机制,瘾癖对自身的生理、心理的重要危害,长期成瘾不能戒断的严重后果;要系统地了解瘾癖的戒断方法、流程,戒断过程中可能出现的阻抗反应,如何应对戒断阻抗,以及戒断成功后维持治疗等一系列知识和技能;要学会评估自己的成瘾对自身的生理、心理的具体危害,尝试给自己制定治疗方案等,这样才能为之后的成功戒断奠定坚实的基础。

3. 进行物理隔离。戒断瘾癖首先要对成瘾者与致瘾物进行物理隔离,也就是说让成瘾的人、物和环境相隔绝。对于吸毒者和嗜赌者来说,必须脱离"灰色组织",在他们完全戒断前不要轻易相信他们的控制力,要督促他们与原来不健康的毒友和赌友断绝来往;要禁止他们去不健康的场所;要控制他们用于不良嗜好的财物。对于有酒瘾和网瘾的成瘾者来说,必须让他们远离成瘾的东西——酒和网络,在他们完全戒断前,必须随时进行监控;同时应当转移他们的兴趣,例如让嗜酒者改喝茶、咖啡等,鼓励沉迷网络的青少年去运动、听音乐等。对于有不良瘾癖的罪犯来说,涉毒的罪犯要分开,有赌瘾的罪犯不允许参加打扑克等娱乐活动,有酒瘾的罪犯要预防其接触酒精类物质,有网瘾的罪犯要少让其接触电脑。

4. 开展规范治疗。戒断瘾癖的关键是接受规范的脱瘾治疗,从根本上帮助成瘾者根治瘾癖并防止复发。对吸毒者要进行强制性戒毒,要从药物和心理两方面着手。一方面采用药物治疗破坏其生理性依赖,另一方面采用系统脱敏法、厌恶疗法等行为矫正法破坏其心理性依赖。对嗜赌者可以采用心理干预的方法,在心理咨询师帮助下,用心理暗示、行为控制等方法进行治疗,配合精神药物使用,也能帮助赌瘾的戒除。对嗜酒者的脱瘾治疗主要采用药物治疗和行为治疗的方法,让嗜酒者从每日大量饮酒过渡到停止饮酒。饮酒时间长、酒量大的嗜酒者一定要请医生指导,或住院治疗。网瘾患者的治疗一般采用心理治疗的方法，主要采用系统脱敏、阳性强化等行为治疗的方法。有不良瘾癖的罪犯要放下心防，严格按照监狱要求，主动接受规范的戒断治疗。

【知识链接】

冰毒危害大

冰毒的学名叫甲基苯丙胺（又名甲基安非他明），是一种能令人上瘾的兴奋剂药品。它强烈刺激大脑的某些系统，是无色透明的块状晶体，与冰相似，可以吸烟的方法吸入。它俗称"冰""水晶"和"玻璃"。甲基苯丙胺于1919年由日本人发明，在第二次世界大战期间，战争双方都广泛使用甲基苯丙胺让军队保持清醒。值得一提的是，日本"神风"特攻队的驾驶员在执行自杀任务前也使用了甲基苯丙胺。大战之后，日本军方所囤积的甲基苯丙胺流通到市面上，也使得静脉注射毒品的风气流行起来。在20世纪50年代，甲基苯丙胺被用作抗忧郁药和帮助控制饮食。由于容易取得，甲基苯丙胺被大学生、卡车司机与运动员用来作为非药品的兴奋剂。对毒品的滥用，就这样散播开来。目前联合国毒品和犯罪问题办公室估计，全球生产的苯丙胺类兴奋剂，包括甲基苯丙胺，每年约有500吨。根据中国台湾地区2002年的统计，毒品滥用者里面，有52%是以甲基苯丙胺类为主。2003年缉获的毒品当中，有46%是甲基苯丙胺类。这都显示出毒品被滥用的程度非常惊人。冰毒对人体的危害，就是直接对人体的大脑产生摧残，破坏人体的大脑组织。每月吸食冰毒5次以上者，2年左右便可产生明显的精神病人的症状。而一旦引发精神病人的症状，则无法治愈。此类吸毒者比吸食海洛因人群更可怕。因吸食海洛因人群主要是防复吸，同时对家人不具有攻击性；而吸食冰毒人群，即使他可以一个月吸一次，半年吸一次，最终结果还是直接对大脑产生硬性损害而导致精神病，如果注射病毒过量，极易引起急性中毒，可造成惊厥、昏迷甚至死亡。

第四节　劳动创造美好

劳动改造是罪犯的权利和义务。对于罪犯来说，劳动首先是强制的。罪犯通过强制劳动，改变行为习惯，学习劳动技能，为回归社会后的就业和创业做好技术储备。

一、劳动改变人生

劳动是生活和生存的需要，也是生命延续的需要，更是人类发展、成长和存在的需要。人们通过劳动改变自己，改善生活，改造世界。劳动是人的第一需要，包括发展人的体质、发展人的智慧、满足人的精神需求等。研究表明，没有正确的劳动观念和可以谋生的劳动技能是罪犯犯罪的重要诱因之一。有的人好逸恶劳，意图不劳而获，于是去盗窃、抢劫、诈骗；有的人不能遵守按劳分配的规范，于是去贪污、受贿；有的人没有一技之长又想多挣钱，于是去从事"黄赌毒"等非法行业。罪犯成功改造的影响因素也有很多，但都和劳动改造有着紧密的联系，要获得法律奖励，取得减刑和假释，必须积极参加劳动改造；要获得物质奖励，让自己的服刑生活更加舒适，必须劳动改造成绩突出。如果一个罪犯有劳动能力却不愿意参加劳动或者因为劳动态度不端正而完不成劳动任务，那么他的法律奖励就没指望了，同时处遇等级也将受到严格的限制。罪犯在劳动改造中可以培养兴趣、学习知识、掌握技能，甚至是锻炼意志、改变认知，劳动改造不仅提升职业技能，更能提升意志品质，提升人的全面素养。

二、劳动锻炼身体

劳动就是一种锻炼。长期劳动可以消耗脂肪、锻炼骨骼、强化肌肉，使机体处于一种平衡的运动状态，起到锻炼身体、提高身体健康水平的作用。当然这里所说的劳动是适度的体力劳动，如劳动强度过大，则不但不能起到锻炼身体的效果，反而会损害身体机能，影响身体健康。许多罪犯都非常关注自己的身体健康，都想进行身体锻炼，经常抱怨锻炼场所少，锻炼种类简单，而且许多锻炼项目还受到监狱的限制，可是他们没有意识到积极参加力所能及的劳动就是在进行适合自己的身体锻炼，而且方便易行，效果很好。许多罪犯在入监时身体肥胖，体质较差，但他们通过积极参加劳动，把劳动当作锻炼，刑满时身体健康。这样的例子诠释了参加劳动改造可以起到锻炼身体的作用。

三、劳动获取财富

所有的社会财富是劳动者创造出来的,每个参加劳动的劳动者也会因此获得劳动的报酬。罪犯参加劳动改造,生产的劳动产品也是社会财富,罪犯也会因此得到劳动报酬。罪犯创造的财富除了少部分上交国家以外,其余大部分用到罪犯自己身上,包括生活学习环境的改善、饮食标准的提高、医疗卫生的保障等等。参加劳动改造对罪犯自身有极大的益处,劳动任务完成得好的罪犯会得到较多的物质奖励,他的生活处遇、劳动奖金会因此水涨船高。不少罪犯在满足自己的改造生活之余把劳动报酬寄回家庭去履行财产刑,赡养父母,去资助子女上学,甚至捐款给社会公益组织。当然还要充分认清劳动与财富之间的关系,有些罪犯往往把劳动创造财富单纯地理解为创造物质财富,简单地把获取物质利益的多少看成是衡量劳动成效的唯一标准,这种观念很容易形成错误的价值观,是不可取的。

四、劳动充实狱内生活

罪犯的服刑生活是漫长和苦涩的,充满着痛苦的体验。许多罪犯被动地接受着监狱警察的管理,浑浑噩噩地得过且过,混一天算一天,觉得服刑生涯无聊和寂寞。这是因为他们没有找到正确的方法把注意力从痛苦的服刑体验转移到其他有意义的事情上去。可以转移罪犯注意力的事情不少,劳动就是其中非常有益的事情之一。积极参加劳动是罪犯平稳度过刑期的一个重要法宝。罪犯要全身心地投入到劳动改造中去,在劳动中可以学习到劳动技能,可以体验到劳动的快乐,可以享受到劳动的成果,可以忘记服刑的痛苦。等到刑满时,积极参加劳动的罪犯会带着劳动的成果和学到的劳动技能离开监狱。反之,不愿意投入劳动的罪犯服刑时是虚度光阴,刑满时会发现自己两手空空,毫无所得。

五、劳动提升就业和创业能力

与普通人群一样,绝大部分罪犯也希望在刑满后能在所从事的各行业中取得成绩,受到别人的认可和尊重。有些罪犯希望在刑满后能够有一技之长,成为家庭的顶梁柱;有些罪犯希望刑满后能从事自己喜欢的职业,实现自己的梦想;有些罪犯希望刑满后能够去创业,去打拼一番属于自己的天地。那么积极参加劳动就是罪犯的必需选择。劳动不但可以改变思想,矫正行为习惯,还可以学到专业知识和劳动技能。掌握职业技能和储备创业知识是罪犯在服刑阶段所必须完成的任务。要放长眼光,抱着学习知识和技能的心态,虚心请教,熟练掌握劳动技能,使自己刑满时有一技之长,为回归社会后的谋生铺平道路。要放开思想,抱着提升创业能力的心态,刻苦钻研,储备专业知识,为以后刑满回归的创业成功打下坚实的基础。

【学、思、写】

1. 当你被分配到自己不喜欢的劳动岗位时怎么办?
2. 身边有个有"洁癖"的同犯,你会怎么办?
3. 曾经吸毒的"我"即将走向社会,应该如何避免复吸?

📢 **导读**：家庭稳定是社会稳定的基础，家庭稳定的关键是家庭成员之间相互负责。罪犯犯罪入狱，致使家庭结构发生改变，家庭关系受到损伤。修复家庭关系，扛起家庭责任，共建和睦家庭，是每一名罪犯平稳度过服刑期、顺利回归家庭首先必须面对的问题。

第八单元 扛起家庭责任

中国传统思想历来重视家庭的建设,"修身、齐家、治国、平天下"一脉相承,"家是最小的国,国是千万家",家庭是国家治理体系的基石。家庭和睦、家业兴旺需要依靠责任来传承。家庭责任是一个人一生中最直接的,也是持续时间最长、影响最大的责任。

第一节 我们都有一个家

说起"家",每个人心底都会泛起温暖的涟漪,这份温暖与家的大小、华丽无关,它源于我们心底对家的依恋。在社会生活中遇到挫折、失败和种种的不如意之后,家是我们最渴望的倾诉之处。在取得成长、进步,体验收获的喜悦时,家是我们最温馨的分享之地。每个人都有一个家。"家"是什么呢?

一、什么是"家"

"家"是一个内涵丰富的概念,千万个人有千万种说法。有人说,家是一出有场次但却永不谢幕的人间大戏;有人说,家是儿时的无忧,家是青春的萌动,家是中年的奋斗,家是晚年的归宿;还有人说,家是一道化学方程式,等式的左边是夫妻二人,等式的右边是"化学反应"生成的子女,加上随之而来的亲情、责任和义务。尽管说法各不相同,但"金窝银窝不如自己的狗窝","家"在每个人心中,永远是融入心底的那份牵挂。

1. "家"的概念。 那么什么是家呢?汉语中的"家"字,是个象形字"",意思是"房子底下一头猪",即人畜兴旺、有房有食,这就是中国人的"家"。一般来说,"家"的含义有三层:一是物理意义的"家",指供个人日常生活的专用空间,即住宅;二是社会意义的"家",指由两个以上具有亲缘关系的人所组成的共同体,即家庭,家庭是以一定的婚姻关系、血缘关系或收养关系组合起来的社会生活基本单位;三是精神意义的"家",指人们心理上认可、信赖、追求的归宿和寄托之所,即"精神家园"。前两层是指现实的家庭,讲究的是"柴米油盐",是生存的基本追求;第三层"精神家园"讲究的是精神需求与填补,沟通与交流,使平淡的生活充满温馨的气氛,家庭成员不再空虚和孤单,获得安全和慰藉。这个精神上的家园,是人们心灵的沃土,它是生长情感、智慧和力量的基础。这个无形的家,不仅能够覆盖前两个有形的、实体的家,赋予它们情感和智慧,而且能够扩展它们,使住宅和家庭与外面的天地相通,成为社会的一分子。

2. 家庭结构。家庭结构是指家庭中有哪些成员,以及这些成员之间的关系如何。常见的家庭结构分类以家庭代际层次和亲属关系为标准,包括核心家庭、主干家庭、联合家庭、其他家庭等四种类型。核心家庭是指由父母和未婚子女组成的家庭,仅有夫妻组成的家庭也叫核心家庭。主干家庭是指由父母和一对已婚子女组成的家庭。联合家庭是指由父母和两对以上已婚子女组成的家庭,或是兄弟姐妹婚后不分家的家庭。其他家庭是指单亲家庭和由祖孙两代组成的隔代家庭。随着社会的不断变革与发展,家庭结构也会不断发生变化,不同类型家庭成员的生存条件和关系方式也将产生相应的变化。一旦稳定的家庭结构发生变化或缺损,会对家庭关系以及家庭成员的成长和发展带来重大影响。

3. 家庭婚姻密不可分。一般家庭因婚姻而组成。婚姻是家庭的基础和根据,婚姻、家庭是一个整体,两者密不可分。家庭是人们有组织的社会结合,别的组织无法替代婚姻家庭所承载的社会功能。托尔斯泰说,幸福的家庭都是相似的,不幸的家庭各有各的不幸。夫妻双方来自不同的家庭,家庭条件、教育背景、地域文化及爱好等均有所不同。因为婚姻,造物主将素不相识的两个人,变成人世间最亲密的两个人。婚姻质量与家庭环境对家庭成员心理健康的影响最为直接和突出,常常具有不可抗拒性。随着社会经济的飞速发展和生活水平的极大提高,人们越来越关注生活质量,对家庭环境、婚姻质量及自身心理健康状况的要求也越来越高。但受到双方不同的人格特征、个性差异和自身原有生活习惯等多方面因素的影响,人世间本该幸福美满的婚姻与家庭就会谱写出许许多多不同的乐章。

二、家是生命的摇篮

无论社会如何演变,人们赖以生存的家庭样态始终没有发生大的改变。最根本的原因就是家庭具有满足人不同需要的多种功能,正是这些家庭功能哺育、滋养了生命,使得家庭区别于其他社会组织而永久延续。在众多的家庭功能之中,生命的扶养、物质的支持是其他一切家庭功能得以实现的前提。

1. 生命的繁衍。家是以婚姻为基础、以血缘为纽带的一种社会组织。适龄男女因相爱而组建家庭,共同孕育子女,这是人类的繁衍,也是生命的延续。屋檐下,男女双方通过生育子女获得新的家庭身份——父亲、母亲,并携手为小宝贝筑起生命最初的家,家为生命的孕育提供爱与温暖的土壤。

2. 生存的扶育。生存的扶育是指家庭生活中的哺育与扶养。具体表现为家庭代际关系中父母养育子女、子女赡养父母双向的义务与责任。随着生命轨迹不断向前推移,每个家庭成员在家庭中的角色还发生着变化,每个人都会经历成长、成熟、衰老、死亡的自然规律。在家庭中,上一代人对下一代的哺育培养,下一代人对上一代的扶助赡养,这种家庭成员之间的互敬互爱、互助互利就是家庭扶育功能的集中体现。它既与中华民族的传统美德一脉相承,也是法律规定的法定义务和责任。

3. 生活的支持。家庭有同财共居的特点。家庭成员共同生活、共同居住、共同理财、共同消费,为彼此的生存、发展提供物质支持,这就是家庭的经济功能。社会生活中,以家庭为单位进行财富的创造与积累,并进行衣食住行、文化教育等各方面的消费,家为每一名家庭成员的成长、发展提供物质保障。

三、家是人生的根基

家庭的功能不仅仅是完成人口的自然再生产,为社会提供一个"生物人",还应当包括将"生物人"培养成为"社会人"。一个合格的"社会人"离不开家庭对他的教育,这种精神层面的引领包括子女态度的生成、品德的养成、人格的发展、情感的慰藉和精神的寄托等。家灌溉了一个人的精神沃土,树立了一个人的价值取向,为每一个即将启航的生命筑牢人生的根基。

1. 精神的指引。一个人大部分时间都生活在家庭中,家庭的生活方式、家长的言行、家风的影响和熏陶对子女有较大影响力和特殊感染力。家庭帮助子女树立正确的世界观、人生观、价值观,纠偏子女的认知与行为,形塑良好的习惯与品德,以助其顺利地完成人的社会化。它对人的影响是最为长远的、最为深刻的、最为全面的。纵观历史上德才兼备的大家,无一不心中满怀对父母、亲人的眷恋与感恩。他们为人宽厚谦逊,处事踏实勤勉,这些可贵品质的养成与他们早年接受的良好家庭教育是分不开的。习近平总书记强调:"要抓住青少年价值观形成和确定的关键时期,引导青少年扣好人生第一粒扣子。"因此,尽可能地为孩子提供良好的家庭教育,是为人父母对子女的应尽之责,也是一个家庭履行社会责任的应尽之力。

2. 心灵的港湾。"我想有个家,受伤后可以回家。"这句歌词道出了多少失意的人心中对家的眷恋与渴望,这正是因为家庭具有情感抚慰功能。人生在世,难免会经历风雨挫折,有了家,我们的心就有了归宿。家门可以把再大的风雨都挡在门外。卸下行囊,我们无须正襟危坐,放下包袱,我们亦不必再强颜欢笑,舒服地躺靠在沙发上,与家人只言片语地交流,又或是心意相通地沉默,都可以让我们感受到身心的舒适与愉悦。

3. 成功的风帆。 成功是每个人都向往追求的,一个和谐美好的家庭会是我们成功的助力、不懈努力的动力。相反,一个失败糟糕的家庭则会成为我们成功路上的阻碍。当我们结束一天忙碌的职场生活,拖着疲惫的身躯回到家中,家人亲切的笑脸、可口的饭菜就是对我们最大的慰藉。当我们为了成功,在加班加点拼搏的时候,家人无怨无悔地支持与付出,为我们免去后顾之忧,让我们心无旁骛地在逐梦的道路上奔跑。当我们在奋斗中遭遇困难与挫折,朋友可能离我们而去,而家人却无悔地守候在回家的路上,只为给我们一个温暖的拥抱。家人的笑容与肯定、无悔的支持与付出是我们扬帆起航的动力,驱动着我们向着更加光明美好的未来前进。

第二节　不良家庭因素与犯罪息息相关

家庭最大的财富在于完整和健康。但家庭的现实状况却是多样化的。有的家很快乐、很幸福,像一眼不老的喜泉;有的家很凄楚、很悲凉,像一汪深不可测的泪潭。有的人家业兴旺,家庭和睦幸福;有的人却家业萧条,矛盾重重,争吵不断,甚至家庭破裂、家门不幸。

犯罪是各种影响因素相互作用的结果，家庭是其中的重要因素。有研究表明，每一个案件背后，往往都有一个突出的问题家庭。家庭是个体成长过程中的重要生活环境，也是影响个体心理健康的重要因素。良好的家庭能够为一个人形成良好的个性和品格提供有益条件，从而减少违法犯罪的概率。证据显示，家庭结构缺损、家教方式不当、家庭关系紧张、家庭伦理错位是诱发犯罪的主要家庭因素。

一、家庭结构缺损

家庭结构缺损是指家庭结构被破坏。比如，离异、父母亡故，或者是继亲家庭，也包括隔代家庭，如只有祖孙辈的家庭。家庭结构缺损并不会直接导致犯罪，而是通过影响家庭功能来间接地作用于个人。尽管有些家庭结构并不完整，但是他们的孩子并没有走上犯罪的道路，甚至比同龄的孩子更加出色，这是因为抚养人给予了他们足够的爱和恰当的教育，从而使他们比正常家庭的孩子更懂得珍惜生活，善待他人。

家庭结构缺损从而影响家庭功能正常发挥的情况有如下四种：

1. 单亲家庭易使子女自卑孤僻。 由于离异，父母可能对孩子感到愧疚而溺爱，或者对孩子不管不问，放任自流。同时，由于父母离异，子女可能会产生自卑感，不愿与他人交流，性格容易孤僻。缺少父亲或母亲往往有不安定感，尤其是生活在无母的家庭中，缺少情感交流，可能造成子女寡淡、冷漠的情感表达方式。家庭破裂带来的情感创伤还容易导致注意力不集中，丧失学习的积极性，形成恶性循环，出现厌学、逃学、辍学等现象，这样会增加他们结交不良同伴的概率，使不良的个性习惯得到强化，容易走上犯罪道路。

2. 继亲家庭易使继子女产生抵触心理。再婚的父母,可能会给孩子重新带来家庭的温暖,也可能会带来更大的伤害。从现实情况来看,绝大多数继父母与非亲生子女的相处并不融洽,面对一个不是亲生的孩子,虽没有恶意,但也难以视如己出,有的继父母甚至歧视、虐待继子女。从子女角度来讲,继父母闯进已经破碎的家庭,分割了已经不完整的爱,他们感到孤独,痛恨重组家庭,渴望亲生父母对自己倾注全部的爱,不惜用叛逆甚至自暴自弃吸引亲生父母的注意,有的会因此走上违法犯罪的道路。

3. 隔代家庭难以给孩子适当的教育。隔代家庭是指青年父母由于各种原因将孩子交给自己的父母照料,或者因各种家庭变故,孩子直接由爷爷奶奶或外公外婆照料。绝大多数隔代教养都存在一些问题。首先,祖辈往往没有原则地迁就、疼爱孩子,容易导致孩子娇生惯养。其次,缺乏照料孩子的精力,更不可能对孩子进行良好的启蒙教育。最后,孩子对父母的情感需求无法及时得到满足。即使是祖辈无微不至和全身心的照顾,依然无法替代孩子对父母的情感要求。如果孩子长期远离父母,极有可能会感到没有归属感和安全感,从而产生孤独感和排斥感,自我认识、自我控制等自我管理能力也不会得到很好的培养。

4. 父母一方或双方入狱导致家庭关爱缺失。家庭中有服刑人员,孩子会感到自卑、耻辱,内心渴望摆脱家庭对自己的影响。孩子会受到其他人的孤立、嘲笑,邻居们会让自己的孩子与他保持距离。孩子始终背负着"犯人的孩子"这个称号,会产生心理暗示:父母犯罪,"犯人的孩子"也是坏人,极易步父母后尘。父母亲入狱导致孩子缺失家庭关爱,难以健康成长。

二、家教方式不当

家教方式指父母在教育、抚养子女过程中体现出的相对稳定的行为倾向。教育是家庭最重要、最基本的功能之一,子女通过父母的教育形成最初的是非观念和态度,并对未来产生深远的影响。良好的家庭教育帮助子女形成良好的个性,不良的家教方式则直接阻碍子女身心的健康发展。

1. 溺爱。 所谓溺爱,即过分宠爱,对子女百依百顺,有求必应。这种教育方式容易使子女养成好吃懒做、心胸狭窄、自私自利、我行我素的性格。步入社会后,不能与他人友好相处,难以适应社会环境。父母一味地给予,使得子女认为一切都是理所应当的,既缺乏责任心,也缺乏面对挫折的能力。如果他人不能像父母一样对其忍让或者不合理的要求得不到满足,便会不择手段地达到目的,常常会走上犯罪道路。

2. 放纵。 所谓放纵即父母对子女漠不关心,养而不教,放任不管。有些父母认为"树大自然直",对孩子的坏习惯放任不管;有些父母将孩子托付给老人或保姆,由老人或保姆管教。在过度自由放松的环境下成长起来的孩子,极易养成目无纪律、骄纵横行的个性,且难以改正,一旦做出什么违法犯罪的事,想管都来不及。

3. 粗暴虐待。 粗暴虐待教育方式突出表现为对孩子动辄打骂体罚。有的父母望子成龙心切,信奉"不打不成器"。这种教育方式,给子女的身心带来重创,使子女形成逆反心理,性格偏激,与父母唱反调,甚至离家出走,结交不良同伴,最终难免走上邪路。父母粗暴的打骂方式也给孩子树立了反面榜样,容易使孩子养成残暴的性格,一旦遇到刺激情境,也会以暴力手段报复他人与社会,走向违法犯罪。还有一种情形,就是父母打骂子女,年幼的子女无力反抗,表面顺从,内心逆反,容易形成表里不一、虚伪做作的双重性格。

【案例】

2013年,15岁的易某与同学成某,在学校附近一网吧与丁某发生口角,两人持刀将其腹部刺穿,致使小肠外壁多处穿孔。半个月后的一天晚上,两人再次拦住一名从网吧出来的青年,强行索要现金,遭对方反抗,易某持刀将其腹部刺伤,致其生命垂危,然后抢其钱财。此后,易某以网吧为家,一步步滑向犯罪的深渊。据调查了解,易某的父亲对其管教十分严厉,稍有不从即予以重罚,轻者训斥,重者打骂,打骂成了教育儿子的主要手段。其母亲则对儿子言听计从。家庭教育软弱无力。在这样一个特殊的家庭中,易某从小就学会了阳奉阴违,做事当面一套背后一套。只要父亲在家,易某则表现得很温顺,对人也有礼貌。一旦父亲出门,他则性情粗暴,蛮横无理,暴力凶狠。

4. 消极榜样。 习近平说,家庭是人生的第一课堂,父母是孩子的第一任老师。子女的个性与父母的素养及影响有很大关系。父母的不良行为会对子女产生深刻久远的影响。美国犯罪学家埃德温·H.哈瑟兰认为"犯罪行为是习得的,并且主要发生在亲密的人群当中"。如果父母对长辈不尊敬,遗弃、虐待家庭成员,对他人不友好,孩子会养成欺老凌弱、冷漠的性格;如果父母爱占小便宜,喜欢顺手牵羊,孩子会养成自私自利、小偷小摸的坏习惯;如果父母自身行为不端,甚至是作奸犯科、吃喝嫖赌,不但自己难以管教子女,反而会成为子女效仿的对象。耳濡目染父母的不良习惯或者犯罪行为,子女很可能形成与他人不同的犯罪观,更加容易走上违法犯罪的道路。研究结果显示,在违法犯罪的青少年当中,20.5%的犯罪青少年家庭成员有违法犯罪记录。

三、家庭关系紧张

家庭关系是指通过生育、婚姻和收养等行为在家庭成员之间形成的人际关系。它一般包括纵向的代际关系和横向的同辈关系。家庭关系紧张会直接刺激和影响孩子的健康心理形成和行为习惯、处事方式的选择,尤其是对孩子的人际观念会产生强烈的负面冲击,甚至诱发犯罪。一位美国学者曾走访20多个国家,对1万名经济条件不同的儿童进行了调查,当问到孩子的最大心愿和要求时,答案竟是惊人的相同:普遍重视家庭氛围和精神生活,普遍要求"父母不要吵架""对我们少发脾气,多一点笑"。如果家庭关系紧张,不和谐的事情经常发生,孩子的心理也会高度紧张,缺乏安全感,并会将这种不安全感带到与他人的交往中,难于信任他人或者建立亲密的情感,同时还有可能为了逃避恶劣的家庭气氛做出违背伦理道德的行为。

四、家庭伦理错位

家庭伦理主要是指家庭成员之间尊老爱幼,互敬互爱,相互扶养与支持。家庭伦理缺陷、错位时常诱发重大的家庭灾难,甚至犯罪。亲情犯罪是家庭伦理错位常见的危害结果。导致亲情犯罪发生的罪魁祸首主要是家庭暴力。男性是亲情犯罪的主要人群。男性犯罪的动因具有多样性，如财物纠纷、婚外情、琐事或酒后争吵等；而女性犯罪动因主要集中在家庭生活中，大多因长期承受男方打骂等家庭暴力或与家庭成员间矛盾长期积累，导致情感受挫、压抑，为求生活解脱或情感宣泄而导致犯罪，情感不顺或心理压抑成为女性亲情犯罪的共同特征。

家庭暴力产生的原因主要有三种：一是亲情矛盾调处机制缺失。几乎所有亲情犯罪的根源都在于家庭成员利益分配不均、婆媳不和、夫妻反目、父子失和等亲情矛盾纠纷没有得到及时妥善解决。二是家庭暴力成为引发亲情犯罪的罪魁祸首。在家庭暴力中，女性由于生理等原因，往往处于劣势，大多数女性亲情犯罪都源于家庭暴力引发的家庭矛盾。长期遭受家庭暴力，受害者容易产生压抑、反抗、屈辱和报复等负面心理，当超出其心理承受时，可能随时集中爆发，演变为加害人，酿成亲情相残的人伦悲剧。三是婚外情等成为引发亲情犯罪的重要诱因。近年来，人们的思想和价值观念日益呈现多元化倾向，婚外恋、婚外情等现象增多，对婚姻和谐、家庭稳定造成极大冲击，成为引发亲情犯罪的重要诱因。其中有的是为摆脱原有婚姻关系，不惜铤而走险，伤害甚至杀害结发之妻（夫）；有的是因痛恨配偶不忠不贞，由爱生恨，采取极端手段进行报复。

也许你的家庭是上文所说的种种，也许你锒铛入狱都怪罪于你的家庭，但你的犯罪却严重影响了家的完整与稳定，比如，家庭压力陡增、家庭角色缺失、子女教育缺位、婚姻关系弱化、无法床前尽孝等等。你必须明白，每个人都不可能单独存在于天地间，每个人的性格特点、处事方式、人生观、世界观、价值观都源于原生家庭的影响。要理解家的不完美,并勇敢地从中走出来,与家庭和解,与家庭成员一起相互支持,摸索着推动你们的家不断前进。

第三节　共同建设温馨和美的家

天下之本在国,国之本在家,家之本在身。不论时代发生多大变化,不论生活格局发生多大变化,我们都要重视家庭建设,注重家庭、注重家教、注重家风。身陷囹圄的你更应该珍惜家庭,与家人共同建设一个温馨幸福的家。

一、树牢家庭责任

1989年联合国为举办"国际家庭年"提出了一个国际性的家庭新概念:家是爱的责任,即"家庭是责任"。家是最考验责任感的圣坛。家庭责任观念如何,关系到一个人对生活的追求、为人处世的方式,也与其自身的生活幸福感息息相关。罪犯作为家庭成员之一,更应自觉提高家庭责任意识,主动承担家庭责任,自觉为家庭的稳定与发展做出贡献。

1. 父母应承担起对子女的抚养责任。 父母将子女带到这个世界上,就应对他们负责,为其提供必要的生存条件,对其进行抚养及培育,使子女成年以后成为对社会有用之人。我国婚姻法规定,父母对子女有抚养教育的义务,父母不履行抚养义务时,未成年的或不能独立生活的子女,有要求父母给付抚养费的权利。禁止溺婴、弃婴和其他残害婴儿的行为。婚姻法还明确规定了对非婚生子女和养子女,父母及养父母应尽到同等的抚养责任,不直接抚养非婚生子女的生父或生母,应当负担子女的生活费和教育费,直至子女能独立生活为止。非婚生子女和养子女的权利,任何人不得加以危害和歧视。

2. 夫妻应承担起相互之间的忠贞责任。夫妻关系是家庭关系中最为重要的一个部分。婚姻法规定,实行婚姻自由、一夫一妻、男女平等的婚姻制度。夫妻应当互相忠诚、互相尊重。夫妻之间的忠实义务不仅体现在精神和肉体上,还应当体现在维护家庭和睦、维护婚姻关系上,夫妻之间不应实施侵害彼此生命健康权、财产权等行为。

3. 子女应承担起赡养父母的责任。子女对父母的赡养责任包括子女对亲生父母的赡养和已婚子女对另一方父母的赡养。子女对父母的赡养不仅是一种道德要求,更是一种法律义务。这种赡养方式不仅体现在子女对父母物质层面的提供与支持,更体现在精神层面的关心与抚慰。任何对父母的不理不睬,甚至遗弃行为,都将受到道德的谴责与法律的处罚。

婚姻法规定,家庭成员间应当敬老爱幼,互相帮助,维护平等、和睦、文明的婚姻家庭关系。这里的家庭成员,不仅仅指父母、子女、夫妻,更包括祖父母、外祖父母及兄弟姐妹等其他血缘关系的家庭成员。所有家庭成员都要做到敬老爱幼、互相帮助,共同为家庭的存在和发展贡献力量。尤其是在类似仅有子女、祖父母外祖父母或者仅有兄弟姐妹这样的家庭成员组成中,子女(弟妹)往往因为各种原因失去了父母的抚养与教育,而更多地受到祖父母外祖父母(兄姐)的抚养,在这样的家庭中,子女(弟妹)在未成年时即应做到孝顺祖父母外祖父母(兄姐),在其成年之后,具有独立生存能力时,更应当孝敬和赡养祖父母外祖父母(兄姐),这是其应当承担的责任和义务。

二、学会处理家庭矛盾

家家有本难念的经。谁的家庭都不可能一直风平浪静。为什么说"清官难断家务事"呢?那是因为家务事琐碎而繁杂,且变化多,只有家庭成员的当事者才能真正明白事情的来龙去脉。尤其是家庭内部矛盾,公说公有理,婆说婆有理,错综复杂,成因复杂。要使家庭和睦相处,首先必须学会处理好家庭矛盾。

1. 做好自己。己所不欲,勿施于人。家务事千头万绪,做好自己分内事是妥善处理、减少各种家庭矛盾的前提。做好自己,首先就是要立足自身的家庭角色,找准自身应承担起的家庭责任;其次,以积极的心态面对家庭矛盾,有人相处的地方就会产生矛盾,不逃避,不推诿,不掩饰,避免让家庭矛盾升级;最后,做到随时自我检视所说所做的对家庭团结与和睦是促进的还是破坏的,有促进的就做,无效的放弃。如果说一个家庭就是一座花园,那家中的每一个成员就是这花园里的花草,只有当每一株花草都茁壮绽放,花园才会姹紫嫣红、分外多娇。

【知识链接】

我们都有缺点,所以彼此包容一点。我们都有优点,所以彼此欣赏一点。我们都有个性,所以彼此谦让一点。我们都有差异,所以彼此接纳一点。我们都有伤心,所以彼此安慰一点。我们都有快乐,所以彼此分享一点。因为我们是一家人,珍惜每一段相知相守的时光。

2. 相互尊重。相互尊重是正确处理家庭矛盾的前提,是最基本的家庭道德。人的自尊心从小就有,一旦受到损害,便会痛苦不已。如果受到尊重,则会感到欣慰和满足。任何训斥或轻视贬低他人的做法都会损害对方的自尊心,最终严重影响到家庭环境和婚姻质量,甚至导致悲剧的发生。良好的家庭关系,意味着家人都是独立平等的个体,不管你承担什么角色,夫妻之间、父子之间、婆媳之间,都要做到人格上彼此尊重,情感上真诚相待,生活上相互体贴,情绪上相互调适。夫妻之间彼此敬重,丈夫就能够按住想要举起的拳头,静下心来听听妻子的不同意见;亲子之间彼此爱护,父母就能够蹲下身来,听一听孩子的解释和理由;婆媳之间彼此理解,婆婆就能够以一种"过来人"的身份体谅一下媳妇的生疏与不周。家庭成员之间相互尊重、和谐相处、平等合作、共担责任,这就是家庭关系的理想状态。

3. 善于沟通。沟通是人与人之间相互联系的最主要的形式,人们可以凭借沟通交换信息并建立与维持相互联系。假如人的一生没有了与他人的交流,生活会变成什么样子?没有交流,人就不知道世界是什么,不知道自己是谁,不知道为什么而活着。实际生活中,我们时常是以一种放松的思想状态与家人交流,常常不注意把握说话的尺度与分寸,不留心沟通时的肢体动作与微表情,不在意控制自己的情绪,这往往使家成为不良情绪、粗暴言语的垃圾场。《论语》中有言:"驷不及舌。"在古人看来,一句话说出口,四匹马拉的车也追不回,意喻说话应慎重,否则难以收回。当我们讲话时，一定要注意家人的感受，学会换位思考，先思后言。注重家人的感受，我们就不会将粗暴低劣、不文明的话语带回家，给他人带来伤害，甚至会使得家庭矛盾越来越深。保持沟通时得体的礼仪姿态，控制好情绪情感以及做好适当的语言修饰，有助于我们与家人的顺畅交流，化解家庭矛盾，从而使家庭和睦。

在婚姻生活中，夫妻双方的交流沟通显得尤为重要。夫妻，此生结缘的最大意义不是吃饭穿衣，不是生儿育女，而是心灵的沟通。夫妻沟通则是指丈夫和妻子之间交换信息和感受的过程，它同时包含言语和非言语信息。夫妻之间言语表达和行为方式会敏锐地影响到对方，沟通方式会影响到自尊和婚姻满意度。研究发现，婚姻幸福的夫妻通常会采取建设性沟通的方式，双方在沟通过程中会相互表达情感、讨论问题、互相理解、妥协，做出让步并解决问题。

4. 保持宽容。 家人是最不愿伤害我们的人，但也是我们最不放在心上的人。家人间哪有仇与恨，更多的是误解与相处不当。人非圣贤，孰能无过。家庭也是一个群体，这个群体中每个人有每个人的长处，你在这方面能力强，他可能在另一方面比你强。千万不要以己之长比他人之短，对他人横挑鼻子竖挑眼。要以一颗宽容的心去对待你的家人、对待家事，就容易看开所有的问题，矛盾也就相对少得多。一是要少些计较，多些包容。家庭是一个整体，它需要每一个人的付出，若其中的成员个个计较得失，那家就失去了它的温暖，变得像市场一样明码标价、市侩功利。二是要少些指责，多些理解。家庭生活中，遇到问题彼此退一步，停下相互的争辩指责，相互让一下，聊一聊彼此的想法，就会发现，家里的每个人都不容易，每个人都在用自己的方式爱护这个家，真诚的体谅与积极的理解是化解家庭矛盾的法宝。三是要少些抱怨,多些关怀。与其空口抱怨,不如埋头苦干。孩子调皮捣蛋、成绩不理想,不要抱怨上天不公,因为你的抱怨有可能让孩子丧失信心而放弃自己。这时要鼓励关心孩子,给孩子正确的引导,让他知道父母相信他能做好。夫妻间相处多点关心,妻子有些地方做得不好没有关系,与其抱怨,不如你替她完成,然后一句玩笑调侃既能增进感情又能让她感受到你的关心。家庭氛围要好、要有爱,就要用关怀鼓励代替抱怨。

5. 学会感恩。 家是讲爱的地方,需要以爱为中心,持久的爱会使每一位家庭成员得到极大的心理满足。否则,失落感便会油然而生,不满、烦恼、怨恨也会接踵而至。越稳固的家庭,越稳定的婚姻,其家庭内部一定拥有丰富的爱作为滋养。因此,建立和谐的家庭关系首先需要有一颗爱家、呵护家的心,要以一颗感恩的心看待、理解、包容每一名家庭成员,这份爱与感恩会让个体发自内心地尊重、爱护家里的每一个人。每个人都要心存感恩,感恩父母,感念手足,感谢子女,要懂得每一个家庭成员的不易,要珍惜每一个家庭成员的付出。

【知识链接】

每逢会见日,会见室的门口总是挤满了焦急等待会见的亲属,有的父母早已白发苍苍,他们拖着年迈的身体,从湖北、甘肃甚至新疆前来会见,会见一趟路程上就要颠簸几天几夜;有的父母带来孙子女、外孙子女,为的就是让狱中的子女看一看自己的孩子,好让他们安心改造;有的父母从不落下每一次会见,因为他们害怕子女会见日时看不到自己会伤心失落,会胡思乱想。

"可怜天下父母心",不论年龄多大,在父母面前都是孩子,不论犯了什么过错,只要能改,在父母面前就都是好孩子。这就是父母对自己的拳拳真心,不求回报、不计成本的爱与付出,只为再次迎来家人的团圆。

6. **抚慰情绪**。即使再幸福的家庭也并非时刻充满欢声笑语,也总会有这样那样痛苦和矛盾的时候,夫妻间也会出现情绪激动甚至争吵的状况。最好的心理咨询师或许就是你的另一半,当某一方情绪波动敞开心扉诉说自己苦闷时,另一方要及时安慰、疏导,认真倾听,默默陪伴在一旁,甚至做出妥协和让步,用稳定平和的情绪帮助对方度过困扰期。当孩子学业困扰、青春迷茫、择业受阻、恋爱波折时,父母应及时主动地与孩子交流沟通,给予过来人的感悟和指点,使孩子感受到家庭强大的支持和父母无条件的陪伴,最大限度地帮助孩子化解焦虑,及早从痛苦中解脱出来。

此外,家庭矛盾非常复杂多样,比如财产纠纷、配偶权利、生育自主、子女教育等。纵然路途坎坷,只要家庭成员之间懂得体谅、关爱彼此,多看到家人的辛劳与付出,多思考自身的欠缺与不足,多沟通,少隔阂,多理解,少偏见,在相互摸索中携手并进,你的家完全可以是世界上最温暖、最幸福的家。

这里给大家介绍一种处理家庭问题的方法:家庭治疗。

【知识链接】

家庭治疗

从20世纪50年代至今,国内外研究人员进行了很多实证研究,都证明了家庭治疗的功效。家庭治疗的研究与实践已经渗透到了成人精神分裂症、心身症状、性功能障碍、成瘾、抑郁、焦虑、婚姻压力、亲子冲突等许多领域,吸引了具有精神病学、心理学、社会学等不同专业背景的人员,已由一种鲜为人知的治疗方法发展成为一门应用广泛的学问。家庭治疗作为一种治疗模式,是以整个家庭作为治疗的单位,着重的焦点在家庭成员间的互动关系和沟通问题,是处理人际关系系统的一种方法。每个家庭成员的行为都是与家庭、与家庭其他成员互动的结果,个人的问题不单单是个人问题,可能与家庭系统有关。所以家庭治疗的对象不只是病人本人,而且通过在家庭成员内部促进谅解,使每个家庭成员了解家庭中病态情感结构,以纠正其共有的心理病态,改善家庭功能,产生治疗性的影响。

三、担起服刑期间的家庭责任

无论你在哪里,家庭责任永远是你挥之不去的义务。"我现在在里面哪有办法承担家庭责任"不是你逃避责任的借口。服刑生活非常有规律,你有足够的时间可以为自己充电,要自觉加强对家庭责任意识的自我教育与培养,强化自身的家庭责任感,力所能及地去承担能承担的责任。

1. 自我教育。"学"是接触家庭责任知识的前提,自我教育是最行之有效的教育方式,通过自我教育促进家庭责任的担当。你完全可以将监狱开展的公民道德教育内化为自身的道德准则。在进行自我教育时通过回顾自己的原生家庭,自觉体会、反思家庭为你的付出,你给家庭造成的损失,在感受父母养育之恩或你的另一半一人扛起全家的同时,建立自身对家庭的责任感,改正原来的不足,树立正确的家庭责任观。

2. **涵养家风**。家风即门风,指的是一个家庭在世代繁衍过程中,逐步形成的较为稳定的生活方式、生活作风、传统习惯、道德规范,以及待人接物、为人处世之道等,其核心内容指一个家庭的思想意识方面的传统。家风是一种无言的教育,它影响着整个家庭的思想与行为,并且能够与时俱进、世代传承。将家风归纳成文字,就是家训。一个家,可以没有显赫的家世、殷厚的财富,但不能没有良好的家风。家风正,则人心正,良好的家规家风是培育子孙为人、处事、向善、积德的"孵化器"。也许你的家庭没有形成良好的家风,也许你的犯罪是家庭原因造成的,那么为了吸取自身教训,防止儿孙误入歧途,走上邪路,你可以在狱内用心计划如何培养自己小家的家风,将监狱教育和自我学习、反思、琢磨、总结出来的家庭责任观念和人生感悟,写成"家书"寄给家人,或通过亲情电话传达给家人,逐渐积累向上向善、阳光正向的家风、家训,形成你个人丰富实用的改造成果。

【知识链接】

"积善之家,必有余庆;积不善之家,必有余殃。"

■ 原典

"积善之家,必有余庆;积不善之家,必有余殃。"

——《易传·文言传·坤文言》

■ 释义

修积善行的家族,必然留下许多庆祥;累积恶行的家族,必然留下许多祸殃。

■ 解读

家庭是社会的细胞,家风是社会风气的基础。习近平总书记说,家庭不只是人们身体的住处,更是人们心灵的归宿。家风好,就能家道兴盛、和顺美满;家风差,难免殃及子孙、贻害社会。正所谓"积善之家,必有余庆;积不善之家,必有余殃"。《易经》中的至理名言说明了德与善的重要,说明了家风的重要。每一个人,每一个家庭都应该注意好家风的培育,牢记"积善之家,必有余庆"的古训,要诸恶莫做,众善奉行,要持之以恒,防微杜渐,自觉为家庭的和美,为良好社会风气的形成付出努力。

(来源:"学习强国"学习平台,2016-12-12)

3. 模拟角色扮演。因为失去最宝贵的自由,你无法在家尽责,但你可以保持经常与家人联系,或在内心默默练习,把自己模拟成家庭其他角色,自觉换位思考,体验每一位家庭成员的辛苦与不易。在角色模拟练习过程中,若是子女,你会认识到家庭事务不仅是父母的责任,更应是每一个家庭成员共同的责任,子女对父母的陪伴也是一种家庭责任,对父母应怀感恩之心。若是父母,你会更好地理解子女的心态,可以更好地站在子女的角度,重新审视与他们交流的方式。若是妻子或丈夫,你会感受她系着围裙忙忙碌碌的温情,体会他宽阔肩膀上的那副千斤重担。通过模拟角色扮演,对自己以往承担家庭责任的情况进行自我反思、自我调整、自我修正、自我完善,达到提高责任意识、尽早养成履行家庭责任习惯的目的。

4. 踏实改造。服刑期间踏实改造是对家庭最好的负责。也许你青春年少懵懂无知误入歧途,也许你交友不慎一时冲动铤而走险,又或许你受尽家暴叛逆成性与世为敌。夜深人静时,铁窗里的你孤独难眠,家是黑夜里的北斗,是谅解的甘露,是宽容的怀抱。为了母亲的微笑,为了孩子的期盼,为了家的团聚和亲人间的拥有,你必须静下心来,踏实改造。一是通过改造改变自我,让家人放心。高墙内,因为自由受限,你不可能至父母床前尽孝,也不可能为妻子操持家务,更不可能享受天伦之乐。但作为家庭成员之一,你的言行却无时无刻不牵动着家人的心:改造过程中你能彻底反思、改过自新,让亲人少一分担忧、多一分宽慰,这就是高墙内的你应当承担的家庭责任。二是积极参加劳动改造,为回报家庭做好准备。人如果没有能力独立生存,何谈赡养父母,照顾家庭,又如何承担家庭责任?通过监狱组织的生产劳动,你不仅可以获得劳动报酬,还可以收获一技之长,为刑满就业积累条件,更能通过合理消费,积蓄狱内劳动报酬,缓解家庭经济压力。三是争取早日减刑,尽早扛起家庭责任。遵规守纪、认罪服法是减刑的前提条件。要认罪服法,踏实改造,形成良好习惯,争取早日减刑,与家人团聚,让亲人放心,不再违法犯罪。"家书抵万金",狱中的你,还可以通过通信、会见、亲情电话等方式向家人汇报你的改造成绩,忏悔你曾经不负责任给家庭蒙羞、让家庭受伤,努力修复你与家庭之间的裂痕,积蓄力量,刑满后回家切实承担起家庭责任,与家人共同建设温馨和美的家。

总之,家对一个人至关重要,家庭责任对每一名罪犯至关重要。虽然因为服刑你暂时离开了家,但终究你还是要回到家,你永远是家庭一分子。你要永远牢牢记住:认认真真创业谋生,踏踏实实扛起责任,和和顺顺过好生活。

愿你拨开昨天的迷茫和无助,抚去昨天的伤痛和泪水,远离昨天的不堪和罪孽,扛起家庭的责任,扬起生命的风帆,去迎接明天崭新的朝阳,走向风和日丽的清晨,拥抱相亲相爱的家人!

【知识链接】

家庭箴言

和睦——家庭幸福的良药； 谅解——和睦家庭的源泉；

忍耐——甜美生活的条件； 勤劳——走向富裕的通道；

诚实——男女恋爱的基础； 谦让——夫妻恩爱的根本；

体贴——白头到老的阶梯； 爱好——生活充实的妙方；

懒惰——贫穷落后的结果； 赌博——倾家荡产的苦果；

草率——男女相爱的大敌； 虚伪——双方结合的屏障；

欺骗——感情破裂的祸根； 暴躁——互相打闹的起点；

打骂——伤害感情的毒药； 猜疑——幸福家庭的坟墓。

【学、思、写】

围绕"父母为我做了什么""我为父母做了什么""我给父母添了什么麻烦"三条线索,仔细回顾人生过程,进行对自己、家庭关系、亲情维护等多方面的洞察,向家人写一份忏悔书,并认真思考,列出需承担的家庭责任清单。

📢**导读**：犯罪是过去的错，服刑是改错更新的熔炼。罪犯总要走出监狱，重新回归到社会生活，重新开始新的人生。

服刑生活有沮丧，也有痛苦，成为人生一段不可磨灭的特殊经历，但它终将过去，回归社会是大多数罪犯的最终目的地。在回归之际，培养健康人格，提升意志品质，合理规划人生，才能开启新的人生。

第九单元　人生重新开启

第一节　培养健康人格，收获快乐生活

拥有健康的人格，人生才能积极向上，才能充满朝气，才能幸福快乐。要培养健康的人格，就需要树立正确人生观，需要建立良好的人际关系，需要养成文明礼貌的行为习惯，还需要培养良好的学习心态和能力。

一、树立正确人生观

每个人的行为、心理特征的总和就是人格，人生观是人格的重要组成部分。人生观是人们在实践中形成的对于人生目的和意义的根本看法，它决定着人们实践活动的目标、人生道路的方向，也决定着人们行为选择的价值取向和对待生活的态度。经过犯罪的

经历和刑罚的惩罚,在长期的服刑改造中,每个罪犯都应当思考明白人生的价值、意义,以及责任。在即将回归社会之际,更应当端正人生态度,明确人生的目的和价值,树立正确的人生观。

1. 明确人生目的。人们生活中最为根本的问题就是人生目的,这也是人生观中最为核心的问题。人生目的决定人生态度和人生价值。人生目的在意识形态的领域表现为不同的思想意识和对于事物的不同观念。观念有高尚、平庸和低级之分,所以人们的行为也会千差万别。雷锋是一个非常高尚的人,他把为人民服务作为他人生的目的,从一件件小事做起,终于成为一个伟大的人。有的罪犯极端自私自利,他们人生的目的就是自己无止境地享乐,在这个错误人生目的的引领下,他们不择手段地铤而走险去满足自己的欲望,最终因侵害社会、他人的利益而身陷囹圄。明确高尚的人生目的,不仅是人生观的理论问题,更是人一生中所践行和追求的东西,所以要树立正确的人生观,首先就要反思自己的人生目的是什么,有没有高尚的人生追求。这是罪犯在服刑期间需要思考的头等重大的问题。

2. 端正人生态度。人生态度是指人们通过生活实践所形成的对人生问题的一种稳定的心理倾向和基本意图。有人乐观积极,有人玩世不恭,也有人消极阴暗。服刑是人生中遭遇的重大挫折,在应对这一挫折的过程中可以明显看出,怀抱着不同人生态度的罪犯,改造也是截然不同的:乐观积极的人向往着明天,积极努力改造,争取早日回归;玩世不恭的人觉得一切都无所谓,随波逐流,而且很容易"破罐子破摔",放弃自己;消极阴暗的人时时刻刻寻思着挑拨闹事,唯恐天下不乱,最终害人害己。在服刑期间每个罪犯都需要反思自己,自己长期以来形成的人生态度是怎么样的,需不需要改变,如何去改变。通过反思和学习,逐渐树立起端正的、积极的、进取的人生态度,以科学、乐观、积极的方式应对生活。

3. 实现人生价值。价值观是人生观的重要组成部分。人生价值分为自我价值和社会价值。自我价值是无法脱离社会价值而独立存在的。人都是在对社会做出贡献的过程中体现出了自我的价值,人的自我价值和社会价值从本质上来说是统一的。所以罪犯要树立正确的价值观,不能光以自己的享乐为出发点,不能光以金钱为追求的对象。把个人价值与社会价值有机结合起来,通过自己的才智和能力对社会做出贡献,让自己对于社会的价值最大化,才能真正实现自我的人生价值。

明确人生目标、端正人生态度、实现人生价值三者是有机统一的,共同构成了树立正确人生观的实践方向。在服刑的日常生活中罪犯可以通过以下三个方面的学习和思考来具体提升自己的人生观修养。

(1) 可以从中华优秀传统文化中汲取养分。传统文化中讲究的"仁、义、礼、智、信"这五个字就集中体现了高尚人生观所需的品质。如宋代范仲淹,"先天下之忧而忧,后天下之乐而乐"造就了他千古传颂的人生价值。唐代柳宗元,贬谪边疆依然全心为百姓,振兴柳州,为后世传颂。

(2) 可以从当代先进文化中获得滋润。社会主义核心价值观倡导富强、民主、文明、和谐,倡导自由、平等、公正、法治,倡导爱国、敬业、诚信、友善。这 12 个词集中代表了当代先进的文化方向。如江苏连云港民兵王继才夫妇守岛 32 年,用自己的坚守带来了一方的平安;河南登封公安局局长任长霞一心为老百姓,得到了人民群众的无比拥戴,在她因公殉职后,自发送别的百姓造成了全城的拥堵……

(3)可以从自我的感悟中得到升华。每个罪犯在生活中都需要时时内省,看看自己做过的事,想想自己为什么做这个事;想想自己今后要做什么事,想想自己为什么想做这个事。通过反思,也能够帮助罪犯修正人生观中的错误成分,树立正确的人生观。

二、建立良好人际关系

每一个人都生活在社会群体中,每一个人的生存发展都是在人和人的交往中完成的。脱离了社会,任何人都无法生存,发展更是无从谈起。建立良好的人际关系是人能在社会生存并持续发展的基础。

1. 乐观向上,主动积极沟通。每个人都处在人际关系的中心位置,要想收获更好的人际关系,最重要的就是要做好自己。"物以类聚,人以群分",乐观的人往往身边围绕着一群乐观的人。想要建立一个积极向上的朋友圈,就必须先做好自己,让自己乐观开朗起来。另外,想拥有良好的人际关系,也需要主动出击,主动积极地与他人沟通。好的人际关系是主动争取来的,而不是坐等就会自然拥有的。就像某人喜欢上了一位异性,如果他不主动展开追求的话,梦中情人也只能成为别人的新娘,留下自己后悔不已。在人际交往中,主动积极的沟通,能帮助建立更加符合自己期望的朋友圈。

2. 明辨是非,分清益友损友。 朋友不是多多益善。比朋友的多少更加重要的是朋友的质量,是在交友过程中的明辨是非。很多罪犯都是因为交友不慎而被拉入了犯罪的深渊,所以,罪犯比一般人更需要提升交友的辨别力,分清哪些朋友是真正为自己好的益友,而哪些是把自己往歧途带的损友。经验告诉我们,在自己成功的时候,靠自己最近的朋友通常不是益友,而是损友。而在自己落魄的时候,离自己最远的朋友肯定不是益友,而是损友。另外,益友之间是不存在利益关系的,而损友之间的利益关系是最重要的。

【案例】

益友:吴孟达与周润发

香港影星吴孟达,出道后拍了几部影片,挣了一些钱。但是,他此后就迷失了自我,沉迷于赌博,男女关系也很混乱,欠了一大笔赌债。后来,他因债务缠身,找他的好友周润发借钱,却被周润发拒绝。

因为借钱这件事,吴孟达对周润发心生怨恨,他曾说:"周润发是我这辈子最恨的人。"

之后吴孟达又出演了一些电影,取得了不错的成绩并获奖。周润发向他道贺,他也不理不睬,直到一位导演说出实情:之所以他能得到这么多的出演邀请,都是周润发在背后推荐的。知道真相后,吴孟达哭了,并向周润发道歉。周润发也说出了当初不借钱的原因:"如果那时我把钱借给你,是害了你,因为你会继续沉迷赌博。"

3. 信守承诺,做到以诚待人。讲究信守承诺,"言必信,行必果"是中华民族的传统美德,也是人的基本教养之一。宋朝理学家朱熹说过"以诚待人者,人亦诚而应",就是说真诚地对待别人的人,别人也会真诚地对待他。事情不论大小,不要轻易许下承诺,一旦许下承诺就要做到,不失信于人,这样朋友之间才能够彼此贴近,而不是觉得对方"不靠谱"。真正的真诚待人,并不是一种投资心理,也不是"我真诚待你、你也必须真诚待我"的心态,而是没有目的、发自内心的热忱,真诚的动机不是拿我们的真诚来换回别人的真诚。如果我们带着这样一个目的和动机,就算不上真正的真诚。真诚地对待他人不是等价的交换,而是触及心灵的感动。真心的朋友,都是彼此真诚相待的。

4. 讲究方法,提升社交能力。社交能力是一个人在社会中生存和发展的基础性技能。提升社交能力,处理好人际关系,可以从培养这三种能力开始:(1)学会管理情绪。与人沟通最重要的就是情绪,情绪比语言表达的信息更加真实可靠,所以在沟通中需要学会控制自己的情绪,不要让情绪失控,破坏了沟通。(2)学会换位思考。当说话做事时,能多站在别人的立场上思考一下问题,人际关系就会大大改善。理解和接纳他人立场会让更多人愿意信任你。(3)学会正确表达。跟他人沟通时尽量用商量的语气来说,尽量不要以说教的口吻,避免让对方感到不舒服。在沟通时,谁都不希望自己的思路被打断,所以在表达自己意见的时候,要等对方表述完再说。

三、讲究文明礼貌

文明礼貌是一个人的行为养成的集中体现,不仅是个人教养的体现,也是人际交往的必须要求。每个人都需要从生活中的小事做起,注意与人相处的点点滴滴,提高自己的文明礼貌修养,做一个文明有礼的人。

1. 衣着得体大方。服饰反映了一个人文化素质之高低,审美情趣之雅俗。一个人在什么场合着什么装,见什么人穿什么衣服,不仅关乎自己的形象,也关乎对他人的尊重。英国作家塞缪尔·约翰逊说过:"精致服装的好处是为你提供赢得尊敬需要的手段。"穿衣打扮得体是一种珍贵的教养,会让与你相处的人感到舒服。具体来说,着装打扮既要自然得体,协调大方,又要遵守某种约定俗成的规范或原则。服装不但要与自己年龄、身材等各方面条件相适应,还必须注意客观环境、场合对人的着装要求。

2. 行为举止端庄。举手投足都是礼仪修养的表现。一个人的气质、风度、礼仪、教养不是仅靠高档的服饰装扮而成的,更不是靠人们拥捧而就的,而是在一言一行中自然体现出来的。具体表现在行为与语言两个方面。行为美是形象的重要组成部分。人的姿态举止就应该体现出温文尔雅的行为美。具体来说就是要站有站相、坐有坐相、行有行相。俗话说:"站如松,坐如钟,行如风。"意思就是站着要像松树那样挺拔,坐着要像座钟那样端正,行走要像风那样快而有力。语言美更是一个人外在形象的深刻体现,满口俗语是文化素养和个人阅历低浅的标志。在社交场合需要注意多使用雅语，谦虚、恭敬地表达自己的观点。

3. 遵守公共秩序。 在公共场所，每个人都应该遵守公共秩序。比如，避免在公众场所高声谈论或争论，即使在公众场所发生冲突，也要力求保持冷静。在应该排队等候的场合，即使只有一个人在前面，也应该主动排在他后面。当上下公交车、地铁、电梯时，注意遵守排队上下、先下后上的规则。排队时不要大声地喧哗、聊天或接电话，以免影响他人。排队时应注意尽量避免与他人身体接触，给前面的人留一点空间，如果有不经意的碰撞，应该礼貌道歉。当队伍快排到自己时，应该提前做好相关准备，不仅节省自己的时间，也减少他人的等待时间。在窗口前排队时，等前面的人走开后，再到窗口办理自己的业务。

文明礼貌，无论是在公共场合还是在私人社交场合，都对我们有着很多的具体要求。文明礼貌的核心是发自内心地对他人尊重。尊重别人就是尊重自己，人虽然有地位不同之分，但人却无贵贱之别。孟子有云："爱人者，人恒爱之；敬人者，人恒敬之。"要以豁达的心态去平等地看待身边的每一个人。

四、坚持终身学习

终身学习是指个人贯穿一生的、持续的学习过程。终身学习并不仅限于书本知识，而是渗透在生活的方方面面，无论是生活技能，还是投资理财能力，还是社交能力，都需要去终身学习提升。学习不仅能获取知识，提升能力，也能使人获得心理上的满足感，并在工作中提升胜任力，能使个人更好地适应社会，成就自己。

1. 提升求知欲望。 人们在生活、学习和工作中面临问题或任务,感到自己缺乏相应的知识时,就产生了探究新知识,或扩大、加深已有知识的认识倾向。这种情境多次反复,认识倾向就逐渐转化为内在的强烈的认知欲求,这就是求知欲。求知欲是我们保持进步的保鲜剂,推动着我们不断前行。要提升求知欲,就是要对生活充满热情,满怀激情地积极接受新鲜事物,勇于接受新的挑战,克服安于现状、停滞不前的惰性。

【案例】

著名经济学家于光远活到老学到老

为了不落后于时代,2001年,86岁的著名经济学家于光远开始使用电脑,并建立了自己的网站。2006年,91岁时开博客当"博主"。晚年的于光远以乐观的生活态度治学为文,每天花大量的时间坐在电脑前,除了吃饭、睡觉,他基本都在电脑上写着、学着、玩着、快活着。他表示,不过百岁生日,要出百部著作。91岁时,他出版的著作已达80部。

2. 养成学习习惯。 养成良好的学习习惯能够使人大大提升学习的效率。有几种学习的小技巧可供参考:(1) 制订学习计划。遇到需要学习的东西,先制订学习计划,按照自己制订的日程去实行计划,能让学习事半功倍。(2) 讲求时间效率。在有限的时间里集中注意力进行学习,而不要无谓地浪费时间,表面看起来在学习,实际上早已神游天外。(3) 深入独立思考。独立地对问题进行思考,会让学习有最大的收获。思考要有深度,避免浅尝辄止,另外还要利用发散思维举一反三,多角度思考,使学习的收获更为深人、广泛。学习习惯的养成绝非一日之功,但是一旦养成,将会对人生的发展产生极大的推动。

3. 锤炼学习品质。学习的过程是克服困难的过程,需要良好学习品质的参与,学习品质包括专注力、耐心、毅力等等。优良的学习品质能够促进学习,在学习中保持专注,不被外界干扰,能够使学习更加高效;有足够的耐心去解决问题,避免半途而废,才能使学习更加深入,有最大的收获;有强大的毅力克服各种困难坚持学习,使人在各种艰难条件下不断收获,提升自己。学习品质的提升都是在学习实践中完成的,在学习中克服各种各样的困难,才能最终养成好的学习品质,最终形成良性循环。具有良好学习品质的人不仅在学习中会受益匪浅,在事业、生活中也更有可能获得成功。

终身学习能提高胜任力。人们经常羡慕职位比自己高的人,羡慕权力比自己大的人,实际上越是职位高,越掌握着更大的权力,就越需要更多的能力,也就是我们所说的"胜任力"。勤于学习、乐于学习的人永远比安于现状、懒于思考的人有更强的胜任力。比如同在操作工岗位上的两个人,一个总是在学习进步,而另一个只满足于做好自己的事情,不愿意去花时间、花精力学习更多的东西。两个人的能力结构很快就会有高低之分,在需要更高能力的岗位出现时,肯定是平时注重学习积累的人能够得到这个岗位。

坚持终身学习,需要坚持学以致用,坚持与时俱进。不断学习不仅能让人紧跟时代的步伐,避免与社会脱节,更能使罪犯在回归之后顺利融入快节奏的社会生活。

第二节　提升意志品质，做生活的强者

我国历史上流传着许多故事，比如"悬梁刺股""卧薪尝胆""愚公移山"，都颂扬了优良的意志品质。优良的意志品质，包括了独立性、坚定性、果断性和自制力四个方面。独立性强就是不会盲从他人的意见，有自己的主见。坚定性强就是不会轻易改变自己的决定，有毅力去长时间坚持。果断性强是指不会犹豫不决或三心二意，而是当机立断地及时行动。自制力强表现在不易被外界干扰，善于自我控制行为和情绪。社会上的强者精英、成功人士，无一例外都是具有良好意志品质的人。

一、加强实践锻炼

千里之行，始于足下，良好的意志品质不可能自然而然地轻易形成，而必须是在不断的实践活动中逐渐培养起来的。意志品质的形成和改善都离不开在实践中反复地磨炼。

1. 勇于接受挑战。 在生活和工作中，总有很多超出自己的经验、能力范围的挑战时不时出现，无论做了多么周密的计划，做了多少的准备，挑战都是不可避免的。遇到挑战，是勇于接受，还是选择放弃？不同的人做出的不同选择往往就决定了事情的成败。美国有一位总统在就职典礼上说过，汉字的"危机"二字拆开

来就是"危险＋机遇"。在看到危险的时候,也应该看到机遇永远是和危险同时出现的,所以在遇到困难,甚至遇到危机的时候,更加不应该退缩放弃,应该在勇于接受挑战中不断磨炼自身的意志品质。

【知识链接】

《孟子·告子下》节选

《孟子》里有这么一段话,在中学课本里也有:

孟子曰:"……故天将降大任于斯人也,必先苦其心志,劳其筋骨,饿其体肤,空乏其身,行拂乱其所为,所以动心忍性,曾益其所不能。人恒过,然后能改;困于心,衡于虑,而后作;征于色,发于声,而后喻。入则无法家拂士,出则无敌国外患者,国恒亡。然后知生于忧患而死于安乐也。"

译文:

孟子说:"……所以上天将要把重大使命降临到这样的人身上,一定要先使他的意志受到磨炼,使他的筋骨受到劳累,使他的身体忍饥挨饿,使他备受穷困之苦,做事总是不能顺利,这样来震动他的心志,坚韧他的性情,增长他的才能。人总是要经常犯错误,然后才能改正错误;心气郁结,殚思竭虑,然后才能奋发而起;显露在脸色上,表达在声音中,然后才能被人了解。一个国家,国内没有守法的大臣和辅佐的贤士,国外没有敌对国家的忧患,往往容易亡国。由此可以知道,忧患使人生存,安逸享乐却足以使人败亡。"

2. 虚心向人求教。无论在服刑中还是在社会生活的方方面面,时时刻刻都会有超出自己知识、能力范围的事,总有人在各个方面比自己懂得多,比自己强。遇到不懂的问题、为难的事情虚心向他人求教是十分必要的,并不是什么丢人的事。《论语·述而》中记载孔子说过"三人行,必有我师焉。择其善者而从之,其不善者而改之"。意思就是别人的言行举止,必定有值得自己学习的地方。选择别人好的学习,看到别人缺点,反省自身有没有同样的缺点,如果有,加以改正。孔夫子可以说是对后世影响最为重大的思想家,他尚且如此谦逊,主动向他人学习,可见越是有知识的人越懂得自己并不是全知全能的,越懂得谦虚向他人求教。

3. 善于总结经验。总结是一种智慧,也是一门学问。总结是对于之前经历过的事情的反思,特别是对事情发展过程的反思,进而提炼和升华成为人处世的经验。对于罪犯来说,不仅要善于总结为人处世的经验和教训,更要通过对以前自己的思想认识和犯罪行为的总结和反思,找到自己犯罪的根源,这样才能避免再次陷入犯罪的泥淖。古往今来凡是成功人士都是善于总结经验的,要总结成绩,更要总结存在的问题和不足。每一个人都需要时刻总结昨天的经验教训,用以指导今天和明天的自己,为今后的发展打下良好的基础。

服刑是人生中的一大挫折,如果能够努力在服刑中提升意志品质,把服刑过程中的困难变成锻炼自己意志品质的试金石,对于今后的人生都将大有裨益。

二、学会遵纪守法

遵纪守法是每个公民都应尽的义务。从社会的角度来说,只有在大家都遵纪守法的前提下,所有的人才能公平地获得最大限度的自由。从个人的角度来说,遵守各种各样的社会规范,是对社会的尊重,是对他人权益的尊重,只有尊重了社会和他人,才会得到社会和他人的尊重。

对罪犯来说,遵纪守法就是遵守监规纪律。罪犯正是因为没有做到遵纪守法而受到惩罚的。大部分罪犯遵守规范的意识和能力都比较薄弱,在服刑过程中需要有更严苛的规范来对罪犯进行规制,促进遵纪守法习惯和能力的养成。另外,对监规纪律的严格遵守也是对意志品质更严格的锻炼。罪犯需要以一种良好的心态去面对,在严格的环境中主动适应,磨炼自己的意志品质。

1. 端正思想态度,增强规矩意识。思想到位了行动才可能到位,有了良好的遵规守纪的意识和心态才能去践行规矩。要明白法律法规、监规纪律对罪犯提出了什么样的要求,为什么有这样的要求。对规矩有了正确的理解,行动才不会出现大的偏差。要坚持在法律法规、监规纪律的允许范围内做事。监规纪律是服刑期间的"高压线",罪犯需要摆正自己的位置,画好自己的"框框",定位自己的"边界",时时刻刻不能忘记自己罪犯的身份,对监规纪律怀抱敬畏之心,才能增强规矩意识。

2. 学习法律法规,增强法制观念。很多罪犯正是由于对法律的无知或者法律观念淡薄,导致触犯法律而服刑的,所以在服刑期间补上法律这堂课是非常有必要的。要注重学习与犯罪、服刑和日常社会生活息息相关的法律法规知识,从案例中增进对法律知识和原理的了解。除了学习法律法规,罪犯还应当增强法制观念:首先需要确立法律信仰,自觉维护法律权威,在对法律有了认知的基础上,从内心深处认同、信任法律,自觉守法用法,维护法律权威。其次需要培养法律的思维方式,按照法律的规定、原理和精神,建立思考、分析、解决问题的习惯与取向,比如以事实为根据,以法律为准绳,遇事重证据,凡事讲程序等。

3. 做到言行一致,增强意志品质。古人云"知易行难",学习知识容易,始终能够不折不扣践行是需要付出很大意志努力的。罪犯都需要背诵及遵守《监狱服刑人员行为规范》,大部分罪犯通过入监教育都能够熟练地背诵,但是在整个服刑期间能够不折不扣遵守规范的罪犯却少之又少。法律法规、监规纪律的入脑是最基本的要求,而更重要的是入心,外化于行,做到言行一致。而且罪犯需要培养敢于担当、知错能改的品质。在服刑过程中很多罪犯会因为一时的疏忽或是放松受到惩戒,在违规违纪时,敢于承认、勇于承担错误带来的后果,是对自身守规品质的考验;从所犯的错误中吸取教训避免再一次犯错,也是对守规意志的提升。

在服刑期间,通过遵纪守法意识、知识以及能力的锻炼,将"遵纪守法"内化于心,外化于行,不仅是服刑期间的必修课,也是锻炼罪犯意志品质的一种良好手段。

三、善于自我约束

自我约束是指自制,自控,自律。自我约束,立德修身,历来是古代先贤所推崇的高尚品质。当代著名作家沈从文也说过,征服自己的一切弱点,正是一个人伟大的起始。罪犯在服刑过程中,总有警察来监督、管理,罪犯的心理、行为的改造都离不开警察的关爱和帮助。但在这个过程中,罪犯更应该培养自我约束能力,重塑自己,在回归社会之后才能避免重蹈覆辙。

1. 改善注意,排除干扰。自我约束是一种能力,不是与生俱来的,而是需要锻炼、付出意志努力的。首先需要把注意力收回来,对自己需要改善的行为或行动目标进行关注。在不良行为、偏离目标行为发生时及时自我察觉,才能及时纠正。在这个过程中,有很多的干扰因素,有来自自身的惰性,有来自其他罪犯不良言论的压力等。面对干扰因素,需要有坚持的毅力,认清什么是自己真正想要的,实时给自己注入前进的动力,将注意力集中到关注的行为和目标上来,排除来自自身和外界的种种干扰。

2. 控制冲动,平稳情绪。自我约束需要学会控制冲动,平稳自己的情绪,凡事从长计议。大家都知道"冲动是魔鬼",一时冲动对自我的情绪确实是一种良好的释放,但是从长远来看,冲动的时候做出的决定往往对长远发展不利。有的罪犯因为一点鸡毛蒜皮的小事就与其他罪犯发生口角甚至冲突;有的罪犯因为发生了不顺心的事,就不顾身体疾病大量吸烟;有的罪犯亲情电话中因为家属没能按自己的意图做事情而大吵大嚷,摔电话而去。这些都是冲动的行为,都会给改造带来负面影响。学会控制冲动是增强自我约束能力的重要方法。下一次冲动之前,请先静下来,平稳一下情绪,好好想一想利弊得失,然后再做决定。

3. 放低防御,自省自知。心理学上有一个"防御心理"的概念,意思是每个人都会本能地维护自尊,一旦自己的观点遭遇到其他人挑衅,不管对方说得对不对,第一反应就是反驳。这是人所共有的人性弱点。所以需要尝试着去放下防御心理,懂得从对方的观点中去吸取养分,从对方的看法中了解自己。自我约束建立在自我了解的基础上,自知者明,对自己了解得充分,才能有的放矢地不断约束、修正好自己。知道自我的缺点,才能产生改善的意愿,才能有自我约束、自我改善的动力。

【案例】

柳传志的自我约束

联想集团前任总裁柳传志的自我约束在业界享有盛名,通过"自我管理"的方式"感召他人",取得了巨大的成功。他的自我约束集中体现在他的守时上。时间观念也反映着他的工作和生活态度。在20多年的无数次大小会议中,他迟到的次数不超过5次。

有一次柳传志去中国人民大学演讲,为了不迟到,他特意早到了半个小时,在会场外坐在车里等待,演讲开始十分钟前从车里出来,到会场时一分不差。

2007年柳传志受温州一位企业家的邀请前往交流。当时暴雨侵袭温州,柳传志搭乘的飞机迫降在上海。工作人员建议第二

> 天再乘机飞往温州,柳传志不同意,担心第二天飞机再延误无法准时参会,他找来车辆连夜驱车赶往温州,终于在第二天早上六点钟赶到了温州。当柳传志红着眼睛出现在会场,那位温州的知名企业家激动得热泪盈眶。
>
> 正是凭借着很强的自我约束,守时守信,柳传志在商业界有着极好的口碑,这也极大促进了他事业的成功。

罪犯在改造过程中,要时时刻刻加强自我约束的意识与能力。加强自我约束,不仅可以帮助罪犯顺利走出人生的低谷,在人生中少走弯路,也能带来更为完善的人格,为刑满后更好的人生打下基础。

第三节　合理规划人生,路才能更顺畅

规划新的人生需要正确地看待自己。既要避免过于高估自己带来的自负,也要避免过于低看自己带来的自卑,还要看清自己的能力和性格适合做什么,找准自己的发展定位。在此基础上,才能制定具体的人生规划,找准努力的方向和前进的目标,付诸行动实践。

一、正确看待自己

每个人都需要正确看待自己,客观评价自己。每个人都会对自己有一定的看法,做出一定的评判。正确地看待自己,对健康的

心理及恰当的行为都会有帮助。现实生活中有很多人不能够正确地对自己做出判断,有人看不到自己的优点,觉得处处不如别人,就会产生自卑心理,丧失信心,做事畏缩不前。相反,也有人过高地估计自己,骄傲自大、盲目乐观,眼高手低。所以每个人都需要对自己有相对准确的定位,正确地看待自己,这样才能让自己在工作、生活、社会交往中更加顺利。

1. **不能过高估计自己。** 过高估计自己的人,往往对自己的认识片面,某一方面好就认为自己光芒万丈,很了不起,孤芳自赏,瞧不起其他人,不接受他人的建议和批评,更缺乏自我批评。唯我独尊,自我中心,盛气凌人,总认为自己对而别人错,把自己的意志强加在别人身上,难以和他人心理相容,影响人际交往。要克服自负的毛病,首先要勇于接受批评,在批评中反思自己的问题。其次要全面地认识自己的优缺点,既要看到自己的长处,也要明白自身是有很多不足之处的。再次要以发展的眼光看待自己,自己过去取得了成功,不代表现在还是成功的,更不会预示将来自己一定会成功。另外还要学会与他人平等相处,以平等的心态与他人相处。

【案例】

罪犯独某劳动能力很强,别人干一天的活他半天就能干完。他认为自己很了不起,于是在监规纪律等各方面都有所放松,劳动也不尽力而为,干一会闲逛一会,严重影响了劳动秩序。独某对于警察的多次告诫也当作耳边风,认为监区的生产劳动少不了自己。结果人际关系越来越差,人人敬而远之。有一天他"心情不好",随意地违反劳动纪律受到了训斥,又对警察出言不逊,因为对抗管教被严肃处理。正是独某的自负造成了他自我中心、不接受建议和批评、人际关系差的状况,严重影响了他的改造。

2. 不能过低轻视自己。对自我的过低评价带来的是自卑感。有自卑感的人轻视自己,认为无法赶上别人。心理学研究表明,自卑是一种"比较—评价—刺激"连锁机制所产生的结果。自卑的人通常都会拿自己的缺点和别人的优点相比,总是觉得自己处处不如别人,看不到自己的价值,长此以往,就会产生一种悲观厌世的情绪。找不到自己的价值所在,容易对生活失去希望,有人变得自我封闭,严重的会有轻生的念头。所以过度轻视自己,对人的身心健康会造成很大危害。要克服自卑,首先也需要全面地辩证地评价自己,多发现自己的长处,树立自信。其次要学会正确地归因,失败有很多原因,不一定是因为自身的能力不足。再次要善于自我鼓励,目标不要定得太高,即便失败也要看到其中的积极面。另外,还可以运用积极的自我暗示,想象将要取得的成功,激发自信心。

3. 找准自己的发展定位。对自己的能力结构进行准确的分析,克服自负或是自卑心理,有助于认清和找到自己的发展定位。此外还要找到自己的兴趣所在,在认清了"我能干什么"之后还要思考"我想干什么"。明确找到两者的结合点,找到"我适合干什么"。只有明确地、准确地找到自己的发展定位,在人生道路上才能走得更顺,过得更舒心,也才能取得更大的成就。

二、制定人生规划

人生需要有明确的目标。无论成功与否,没有人生目标就没有远大的志向,没有远大的志向,也只能停留在原地,听天由命。有了明确的目标,心里就会踏实,生活就会充实,注意力也会集中,不会被繁杂的事干扰,干什么事都胸有成竹。目标一般被分为长期目标与短期目标,长期目标是奋斗的方向和最终达到的状态,短期目标是为了长期目标实现而分解出的易于实现的阶段性子目标。

罪犯刑满之后面临着全新的天地,如何从走过的弯路中吸取教训,如何走好今后的人生路,都需要去思考清楚,制定符合自己情况的人生规划。

1. 切合自身实际,长期短期结合。好的目标是必须符合自己实际情况的。每个人的具体情况是千差万别的,有人年纪大,有人还年轻;有人家里有一定的积蓄,有人家里一贫如洗;有人有熟悉的行业,有人什么都不懂……每一名即将刑满的罪犯都需要根据自己情况的特殊性,制定自己个性化的目标。好的目标是将长远目标和短期目标有机结合。一个人如果只顾眼前利益,得到的只能是短暂的欢愉;一个人目标高远,但也必须面对现实。只有把理想和现实有机结合起来,才有可能获得成功。制定符合自己实际的目标体系,既要坚定不移地坚持长远的理想,也要懂得脚踏实地制定短期的子目标去一步一步实现。

【故事】

　　从前,有两个饥饿的人得到了一位长者的恩赐:一根鱼竿和一篓鱼。其中,一个人要了一篓鱼,另一个要了鱼竿,然后两人就分道扬镳了。得到鱼的人在原地生火煮鱼,饱餐了一顿,把鱼吃光了,不久饿死在鱼篓旁;另一个人则提着鱼竿忍饥挨饿,一步步走向海边,可是,当他即将看到不远处的大海时,已经用尽了最后的力气,只好带着遗憾撒手人间……又有两个饥饿的人,得到了长者同样的恩赐。他们商定共同去找寻大海。途中他们每天煮一条鱼,长途跋涉后终于来到海边,开始捕鱼为生的日子,安居乐业,后来逐渐过上了幸福的生活。

　　2. 具有可操作性,不宜过大过小。 好的目标必须是明确且有可操作性的,既不能过大,也不能过小,最具有激励价值的目标是做到很有难度,但是并非不可能做到的。比如某人定下目标:在刑满之后要以李嘉诚为榜样,三年之内收入过亿。然后他将目标分解为子目标:每一年需要有多少的客户,达成多大的订单量等等。经过周密的分析和精细的计算,结果显示,他每天需要打 2 万个电话、拜访 500 个客户等等。显然他的目标已严重脱离实际,目标过大会造成实行起来极为困难,造成的后果是这一目标很容易会被放弃。于是他重新制定奋斗目标:刑满后十年内确保薪水翻番。经过目标的分解,发现他只要确保每天准时上下班,单位不炒他鱿鱼就行。因为随着物价上涨,他无须做任何努力,薪水自然而然会翻番。显然这样的目标太小,太小的目标很容易就会实现,这样的目标根本不会给人带来前进的动力,也是没有意义的。

　　3. 科学制定目标,按需修正完善。 制定了目标之后,一般来说尽量不要去修改,因为频繁修改目标的话,目标也就没有严肃性可言了——目标若是达不到,修改就可以了。我们在设定目标的时候应该注重科学性,留有一定的弹性、灵活度。当有时候外界环境发生了变化,或者出现了突发事件,或是出现了更好的构想,那就需要对目标进行适当的调整。当目标由于各方面原因变成不可能完成时,适当降低目标或是根据现在的努力方向和完成程度略微修改目标;当有利于目标实现的因素出现时,适当调高目标;当有新的机遇摆在面前的时候,可以把原本的大目标变成子目标,而加入新的成分。

三、付诸行动实践

对刑满释放后的新生进行明晰的思考和周密的规划,为回归之后走好新生之路奠定了良好的基础,但所有的思考和规划都必须付诸行动实践才能落地生根,否则都只是空想、幻想。在服刑的末期和出监的前期按照自己的计划进行创业、就业的准备是尤其重要的。

1. 创业早准备。 在创业的过程中首先需要学习一些知识,比如工商税务的知识,包括工商登记、税务登记等。也需要金融保险的知识,如何融资,如何合理使用现金,如何规避风险,这些知识都需要去学习准备。另外还需要经济法律的知识,守法经营是对每个生产经营者的基本要求,学会运用相关的法律知识可以有效地避免损失,提高效益。此外还需要一定的经营管理的知识,比如生产管理、营销管理、财务管理等。

在服刑期间，可以通过相关的书籍对相应的知识进行预先的学习，做好充足的思想准备和知识准备，对如何协调外部已有的经济、人脉、技术等资源进行预估和思考。这些都是罪犯在服刑期间可以为刑满后创业做的准备。准备得越充分，创业成功的可能性也就越大。

2. 求职再出发。 面对刑满释放后的求职，很多人会感到迷茫，有些甚至比较悲观，认为自己作为刑满释放人员肯定会受到社会的歧视，找不到好的工作。实际上，除了法定情形外，公安机关在2016年就开始不开具"无犯罪记录证明"了，这是社会对刑满释放人员平等就业权利的保护，给了刑满释放人员更大的选择空间。只要具备一技之长，对工作的要求切合实际，相信都能找到令自己满意的工作。

有一部分的职业需要具有相应的从业资格。所以可以根据自己希望从事的职业，在服刑期间或者在刑满释放后去学习相关的知识，进行相关的培训，通过相应的考试来获取从业的资格。或是努力通过职业技能的鉴定，使自己在人群中具有一定的就业优势。

在具有了基本的从业资格后，就可以进行下一步的求职准备了，包括广泛地搜集就业信息，通过人才市场、网络、招聘启事、熟人推荐等收集有招聘需求的单位的信息。同时还需要设计好个人的简历，将自己所擅长的方面展示给用人单位。

在刑满释放各种手续都完成后，我们就可以进入真正的求职阶段了。可以选择在网上投递简历，可以选择参加各种类型的用工招聘会，也可以在当地的人力资源市场找到很多的招聘信息。通过简历的投递筛选、面试等环节，展示出自己对于这份工作的渴望以及干好这份工作的能力素质和信心。当然，在当前的社会形势下，企业人员的流动性很大，不一定能一次就找到自己完全满意的工作，也可以先通过近似的工作积累一定的工作经验，然后再跳槽到自己中意的单位和岗位上，"曲线救国"也是一个不错的选择。

3. **成功在脚下**。没有人能够一蹴而就取得成功，罪犯刑满释放后无论就业创业都比他人面临着更多的困难。面对困难，更要有勇气前行。困难是试金石，面对越大的困难，取得成功越不易，但是成功的价值越大，所以我们都需要有克服困难的勇气。任何远大理想和宏伟计划若是不能落实到行动上，没能脚踏实地地一步一步前行，都只能是空想、空谈。做事要有恒心，有耐力，将努力坚持到底，无论目标能不能达到，回头看看走过的路，总会发现收获满满。

【警官寄语】

人生因为跌宕起伏才精彩。每个人的人生中都有得意时也有失落时，服刑就是人生中的低谷。即使身处低谷，也可以怀抱着一颗向上的心，利用这段时间好好整理自己，好好审视自己，看看自己的长处，看看自己的不足，同时也为刑满释放后的再次出发积蓄力量。

世界因为人人不同而多彩。每个人都是有别于任何他人的个体，有着独一无二的个性特点、独一无二的知识结构、独一无二的人生阅历。所以不必因为自己有缺点而自我否定，不必因为暂时的蛰伏而消沉。昂起头，积极面对人生，再成长，再出发，美好的明天就在不远处！

【学、思、写】

1. 对于健康人格,反思一下自己,自己的长处在哪里？自己的不足在哪里？

2. 在服刑过程中,可以如何锻炼提升自己的意志品质？

3. 写一份职业生涯展望(创业、就业规划)。